コミュ力は「副詞」で決まる

石黒圭

光文社新書

はじめに

人にとってもっとも切実な問題の一つ。それは、人間関係です。人間関係で悩んだことがない人はおそらくいないでしょう。職場でも、学校でも、家庭でも、地域社会でも、人の集まるところでは、かならず大なり小なり人間関係のトラブルが生じます。人間関係を悪くしてプラスになることなど、一つもありません。

人間関係が悪化すると、自分にとっても大きなストレスですし、周囲にも悪影響を及ぼします。仕事も学業も家庭生活もすべて停滞し、深刻な場合は破綻を来《きた》してしまいます。多くの企業の人事部が、コミュニケーション能力の高い人を採用の第一条件に挙げるのも、コミュニケーション能力の多寡《たか》が業務の成果に直結することをよく知っているからです。

では、どうすればコミュニケーション能力が上げられるのでしょうか。

コミュニケーションが言葉によって担われるものである以上、言葉遣いの質を高めることが必要です。そこでまっさきに思い浮かぶのは敬語です。かくして人は敬語の本を手に取り、敬語を身につけようとします。

しかし、敬語の習得はしばらくすると、壁に突き当たります。過剰な敬語を使っても、よそよそしくなるばかりで、自分が本来備えているよさが失われるように感じられるからです。一方で、苦労して身につけた敬語が仮面のように機能してしまい、機械的な話し方でかえってその人の印象を下げることもあります。敬語は大事ですが、とってつけたような言葉遣いになり、人間関係の改善に役立たないことも少なくありません。

そこで、本書では副詞に着目しました。いきなり副詞と言われても、「副詞って何?」とピンと来ない方もきっと多いことでしょう。でも、大丈夫です。副詞はふだん意識しなくても、日々の生活で驚くほど多く使っている言葉だからです。意識せずに頻繁に使っている言葉だからこそ、肉声として響く、敬語以上に大事な言葉だともいえます。

私たちは、日本語の言葉遣いを日常生活のなかで周囲の人から学び、成長するものです。

たとえば、休みの日、自治会の掃除に出て、長い作業が終わったあと、ご近所の年配の方に

別れぎわに、

「どうぞお疲れが出ませんように」

と声を掛けられます。そんなとき、一瞬戸惑ってしまい、とっさに、

「あっ、ありがとうございます。では、また」

という出来合いの言葉しか出てこない我が身が恨めしいのですが、それと同時に、この「どうぞ」という副詞から始まるこの一文が、自分の発想にはない、さわやかな言葉だと気づかされるのです。

何気ない、じつに自然な、それでいて品のある一言をさらっと言えるお年寄りになりたい。せっかく教えてもらったのだから、次回からは自分もそんな言葉を使っていこう。そう多くの人が考えることで、社会のなかで渡し渡される言葉のバトンは、思いやりのあるものへと変わっていくのでしょう。

私たちは周囲の世界をあるがままに見ているわけではありません。かならず自分というフィルターを通して見ています。自分なりの捉え方、考え方、価値観、先入観から周囲の世界を見ているのです。副詞という品詞には、そうした話し手自身のものの見方が自然と反映されるようにできています。

つまり、副詞は素《す》の自分が出てしまうところなので、話し手のよい面が出れば魅力となり、悪い面が出てしまうと欠点となります。そこで、私たちは自分が使っている副詞を知り、その副詞を磨く必要があるのです。本書はそのお手伝いをする本です。

さあ、これからご一緒に、副詞を知る旅、ふだん無自覚に使っている副詞から透けて見える自分自身の姿を知る長い航海へと出港することにしましょう。

コミュ力は「副詞」で決まる

目次

《属性副詞》の世界

動詞・形容詞のそばに置き、How（どう）を詳しく語る

情態副詞 …**イメージ副詞**：動詞に添え、出来事の様子を詳しく示す

◆動詞だけでは伝えきれないイメージを、視覚的・感覚的に伝えられる

「様態の副詞」：動詞に添えて、動作の様子を描写する
「結果の副詞」：動詞に添えて、変化の結果を描写する

オノマトペ

擬音語	擬態語
ザアザア	びしょびしょ
ワンワン	とことこ
キャー	わくわく

形容詞の連用形

形容詞	形容動詞
汚く	きれいに
重く	軽やかに
うれしく	陽気に

程度副詞 …**メジャー（定規）副詞**：用言に添え、量的尺度を示す

◆形容詞・動詞だけでは伝わらない物事の幅に、物差しを当てて伝える

「程度の副詞」：話し手の感覚に基づく程度のスケールを示す

かなり重い ＞ やや重い ＞ 多少重い ＞ 重くも軽くもない ＞ 多少軽い ＞ やや軽い ＞ かなり軽い

「数量の副詞」：話し手の感覚に基づく数量のスケールを示す

全部食べる ＞ だいたい食べる ＞ 半分食べる ＞ 少し食べる

「頻度の副詞」：話し手の感覚に基づく頻度のスケールを示す

年中行く ＞ よく行く ＞ ときどき行く ＞ たまに行く

「時間の副詞」：今を起点とした時間のスケールを示す

いつか行く ＞ もうすぐ行く ＞ さっき行った ＞ かつて行った

副詞の世界

《陳述副詞》の世界

話しはじめに置き、あとに続く内容に枠をはめる

予告副詞 …**ナビ副詞**：これから話すことを先回りして示す

◆SOV語順の日本語でも、言いたいことを確実に聞き手に届けられる

「呼応の副詞」：後続する文の文末がどんな形になるか、予告する

「けっして」 ⇒ 「〜ない」（否定）
「はたして」 ⇒ 「〜のか?」（疑問）
「おそらく」 ⇒ 「〜だろう」（推量）
「まるで」 ⇒ 「〜のようだ」（比喩）

「評価の副詞」：後続する文がどんな内容になるか、評価として予告する

「幸い」 ⇒「かすり傷程度で済んだ」
「残念ながら」 ⇒「馬券はかすりもしなかった」

検討副詞 …**モニタリング副詞**：物事の見方・考え方・言い方を示す

◆話す内容を作りだす過程を言葉にすることで、意図を明確に伝える

「認定の副詞」：話す内容を頭のなかで検討した過程とその結果を示す

脳内の迷いを示し、フィラーに接近……「まあ」「なんか」「やっぱり」
納得や同意を示し、相づちや譲歩を導く……「なるほど」「たしかに」
思っていた以上の状況への評価……「けっこう」「案外」「意外と」

「限定の副詞」：話す内容を頭のなかの選択肢から取りだす仕方を示す

唯一の選択肢を取りだす……「ただ」「単に」「ひとえに」「もっぱら」
選択肢の代表例を取りだす……「とくに」「とりわけ」「おもに」

「発話の副詞」：「何を」ではなく「どう」言うかという言い方を表す

正直（言って）、監督のやり方にはついていけない。
ぶっちゃけ（言うと）、チームメイトの仲が悪い。

本文図版作成・キンダイ
目次・章扉デザイン・熊谷智子

第1章

副詞とは何か

——「副詞ってやっぱり難しい？」

1．副詞の混乱

マイナーでわけのわからない副詞

本書が扱う対象は副詞です。そのため、まず、副詞とは何かを定義する必要があります。定義という難しい言葉にアレルギーのある方がいらっしゃることを恐れるのですが、副詞にはどうしても定義が必要です。副詞は、人によって思い浮かぶものが違ったり、そもそも何も思い浮かばなかったりする可能性さえあるマイナーな品詞だからです。

筆者は二〇〇八年に『文章は接続詞で決まる』という本を光文社新書から出版しました。そのときは接続詞の定義について詳しくは書きませんでした。なぜなら、接続詞は、読者の方が共通したイメージを持てる品詞だったからです。接続詞は文の先頭に立ち、先行する文脈と後続する文脈の関係を表す言葉であり、具体例として、「だから」「しかし」「そして」など、おそらく似たような言葉が頭のなかに思い浮かびます。

しかし、副詞はそういきません。副詞とは文のなかでどんな働きをする品詞ですかと聞かれても、多くの方々の答えは「さあ……」ではないでしょうか。また、副詞の例を思い浮かべるように言われても、まったく思い浮かばなかったり、人によっては「ゆっくり」、あるいは「とても」、あるいは「ぜんぜん」のように異なったりするのではないでしょうか。さらに、「ゆっくり」「とても」「ぜんぜん」の共通点は何かと聞かれると、また「さあ……」に戻ってしまいそうです。誰もが自信が持てない副詞だからこそ、定義の必要があるわけです。

副詞を考えるには、品詞というものを考える必要があります。品詞にもアレルギーがある方が少なくないと想像しますが、大事なことですので、しばらくお付き合いください。

品詞とは、文（sentence）を組み立てるときに果たす役割に基づいた語の分類です。品詞のことを英語では“parts of speech”と呼ぶように、一つひとつの語は文を作るときのパーツ（parts）、すなわち部品であり、語というパーツによって文を組み立てます。

また、語から文を組み立てる規則のことを文法といい、語というパーツと文法という組み立て規則がわかれば、文を無限に作りだすことができます。つまり、語と文法がわかれば、自分の言いたいことに合わせて文が自由に作れるようになるので、その言語を話したり書いたりできるようになるわけです。

このため、品詞は外国語を学ぶときに強く意識されます。副詞という品詞に初めて出会うのは小学校の国語の授業のはずですが、多くの人が初めて副詞を意識したと感じるのは中学校の英語の授業ではないでしょうか。そこで初めて“adj.”と書かれた形容詞（adjective）と“adv.”と書かれた副詞（adverb）があること、また「deep」という形容詞に「ly」をつけると“deeply”という副詞になるように、形容詞と副詞は親戚関係にあることを学ぶのです。

とはいえ、副詞について、英語を学べば十分に理解できるかというと疑問です。ＳＶＯＣのいわゆる五文型を構成する名詞、動詞、形容詞については一定の理解は得られると思うのですが、副詞は五文型とは無関係であり、動詞の前に出てきたり、文の最後に出てきたりして落ち着きませんし、「ly」がつかず、形容詞と直接関係のない副詞もたくさんあります。さらには、前置詞と名詞になったものを副詞句と呼んだり、接続詞（日本語の接続助詞相当）のついたものを副詞節と呼んだりするようになると、副詞のインフレ状態で、何が副詞なのか、わけがわからなくなります。

品詞のゴミ箱

このように、日本語においても英語においても副詞がわかりにくいものであることを前提に、副詞の定義について考えてみましょう。

品詞を考える場合、次の三つを考えるのが一般的です。

①どんな形をしているか
②どんな働きを持つか
③どんな意味を表すか

たとえば、名詞（「ボール」「投手」「グラウンド」など）では次のようになります。

①どんな形をしているか…活用がなく、自立語（それだけで意味を持ち、文節を作りうる語）として使われる
②どんな働きを持つか…主語・目的語・補語となり、文の必須要素となる
③どんな意味を表すか…事物（もの・こと・人・場所など）の名称を表す

動詞（「投げる」「落ちる」「いる」など）では次のようになります。

①どんな形をしているか…活用があり、終止形がウ段で終わり、自立語として使われる
②どんな働きを持つか…述語となり、文の必須要素を受ける
③どんな意味を表すか…事物の動作（する）・作用（なる）・存在（ある）を表す

形容詞（「速い」「低い」「楽しい」など）では次のようになります。

①どんな形をしているか…活用があり、終止形がイで終わり、自立語として使われる
②どんな働きを持つか…名詞を修飾するが、述語にもなる
③どんな意味を表すか…事物の性質や状態（どうあるか）を表す

ちなみに、形容動詞は、①については、形は名詞に似ていて、連体形が「な」になるという特徴がありますが、②と③の点では形容詞と同じで、形容詞の一種と考えることができま

す。名詞、動詞、形容詞の三つは、ほとんどの言語に存在する三大品詞と考えて差し支えないでしょう。

一方、付属語として右記の三大品詞と一緒によく使われるものに、活用がない助詞（「が」「の」「を」など）と、活用がある助動詞（「(ら) れる」「(さ) せる」「らしい」など）があります。ただ、副詞との関係では重要でないのでここでは割愛《かつあい》します。

そうなると、副詞が、名詞、動詞、形容詞という三大品詞とどう違うかを考える必要があります。副詞は次のようになります。

①どんな形をしているか…活用がなく、自立語として使われる
②どんな働きを持つか…名詞以外（とくに動詞や形容詞）を修飾し、文の必須要素とならない
③どんな意味を表すか…よくわからない

副詞を調べてみればすぐにわかりますが、①と②については比較的簡単です。①は、名詞と共通しています。②では、名詞（体言）を修飾する形容詞、名詞以外（とくに動詞や形容

詞のような用言）を修飾する副詞という対立が見られる一方、文の必須要素とならないという点で名詞と対立しています。問題は③で、これを満たせば副詞と呼べるような共通の意味が存在しておらず、これが副詞という品詞のイメージをわかりにくくしています。

そこで、副詞の定義を考える場合、③の副詞に共通する意味を考えなければならなくなります。結論から申し上げると、副詞に共通する意味を設定することは困難です。副詞は別名「品詞のゴミ箱」と呼ばれ、分類しにくい自立語をまとめて引き取っている品詞だからです。

すでに見た②で「名詞以外（とくに動詞や形容詞）を修飾し、文の必須要素とならない」という記述からすでにおわかりかと思いますが、名詞以外のものを修飾していたり、そもそも何を修飾しているのか明らかでなかったりするものは副詞になります。

また、文の必須要素とならないものにも幅があることが予想され、迷ったものはだいたい副詞に入れられる。つまり、副詞という品詞は、名詞・動詞・形容詞の三大品詞に入らないその他の自立語が入る箱であり、そのために「品詞のゴミ箱」と揶揄《やゆ》されるわけです。

ちなみに、付属語が入るゴミ箱は助詞であり、日本語の文法では助詞もまた雑然としています。

2. 副詞の整理

山田孝雄の品詞分類——ゴミだって分別できる

しかし、副詞がたとえ「品詞のゴミ箱」であっても、ゴミだって分別できるように、副詞だって分類できないわけではありません。鈴木一彦という研究者が一九五九年に「はきだめ一掃《いっそう》論」を唱えたように、副詞を何とかしようという動きもありましたし、副詞の著名な研究者である渡辺実は一九八三年に『副用語の研究』という専門書を編集し、多くの研究者を集めて副詞という概念を広く捉える試みを示しました。

また、副詞の分類自体は昔から存在しました。もっとも有名な副詞の分類は、山田孝雄《よしお》という文法研究者が戦前に行った分類で、その分類は有力な分類として、現在でも引き継がれています。山田孝雄の副詞の分類は、一九〇八年の『日本文法論』、および一九三六年の『日本文法学概論』などに見られますが、ここでは、一九三六年の『日本文法学概論』に沿

山田孝雄の副詞の分類

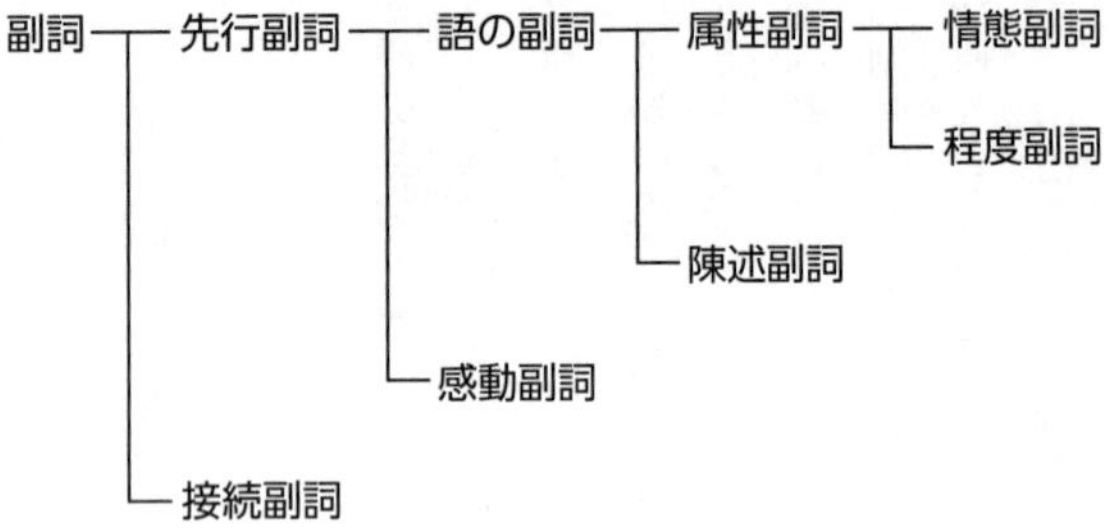

（山田1936、p374）

って見ていくことにしましょう。

　山田孝雄が副詞として扱っているもののうち、現在も副詞として考えられているのは「語の副詞」と呼ばれるものです。「語の副詞」は「属性副詞」と「陳述副詞」に分けられ、さらに「属性副詞」は「情態副詞」と「程度副詞」に分けられます。つまり、山田孝雄は副詞を「情態副詞」「程度副詞」「陳述副詞」の三つに分けており、この分類が現在も引き継がれているわけです。ちなみに、この三分類の外側に、感動詞相当の「感動副詞」、接続詞相当の「接続副詞」があります。

　なお、以降ではこの三分類に基づいて副詞を整理していきますが、そのさい、「属性副詞」、すなわち「情態副詞」と「程度副詞」については、記述文法の立場から研究を行い、二〇〇二年に『副詞的表現の諸相』という本を出版した、大阪大学名誉教授である仁《にっ》田《た》義雄《よしお》の分類、また、「陳述副詞」については、一九八〇年代以降、精力的に副詞の論文を書きつづけ、その成果を二〇一六年の『副詞と文』にまとめた、東京外国語大学の名誉教授であった工藤浩の分類、および、認知言語学の立場から研究を行い、一九九四年に『認知意味論の原理』という本をまとめた、筑波大学名誉教授の中《なか》右《う》実《みのる》の分類を参考にしつつ、筆者なりにアレンジしていることをお断りしておきます。

情態副詞――動詞を助け、様子を詳しく描写する

「情態副詞」は、典型的には動詞とセットで使われます。動詞を修飾し、動作の様子を詳しく描写するものです。次の文の「ゆっくり」「まっすぐ」「おいしく」「きれいに」が情態副詞です。

・川がゆっくり流れる。
・道をまっすぐ歩く。
・パンをおいしく焼く。

・部屋をきれいに片づける

この四つの副詞を眺めていると、微妙な違いに気づきます。「ゆっくり」「まっすぐ」は流れたり歩いたりする様子が「ゆっくり」「まっすぐ」であるのにたいし、「おいしく」「きれいに」はパンを焼いた結果や部屋を片づけた結果が「おいしく」「きれいに」なったことを表しています。そのため、「ゆっくり」「まっすぐ」は「様態の副詞」、「おいしく」「きれいに」は「結果の副詞」として区別しておくことにします。

「おいしく」「きれいに」を眺めていて、もう一つ気になったことがある方がいるかもしれません。「おいしく」は「おいしい」という形容詞の連用形、「きれいに」は「きれいな」という形容動詞の連用形で、純粋な副詞とは言いがたいものです。しかし、本書は、副詞というものを広く捉えたいので、こうしたものも副詞のなかに入れておくことにします。

このように「情態副詞」は形容詞や形容動詞の連用形が多いのですが、もう一つ、「ガタガタ」「ゲラゲラ」といった擬音語、「つるつる」「くるくる」といった擬態語などのオノマトペも多いという特徴があります。

・雨戸がガタガタ音を立てる。
・後輩がゲラゲラ笑いだす。
・床がつるつるすべる。
・風車がくるくる回る。

オノマトペについては、第３章で詳しく見ることにします。

程度副詞――形容詞などに添え、量的尺度を示す

「程度副詞」は、日本語の「とても」、英語の「very」などに当たり、比較的わかりやすい副詞です。典型的には形容詞とセットで使われ、「かなり」「やや」「多少」のように、形容詞の持つ程度性の尺度を示すのに使われます。実際には、程度の意味を表せるのであれば動詞と使うこともできます。

・日本記録よりも｛かなり／やや／多少｝遅いペースで走る。
・敬語の使い方が｛かなり／やや／多少｝気になる。

「程度副詞」は「程度量副詞」とも呼ばれ、数量を表すタイプもあります。程度を表すものを「程度の副詞」、数量を表すものを「数量の副詞」と区別して呼ぶことにしましょう。次の例文の「すべて」「たくさん」「半分」が「数量の副詞」です。

・芥川龍之介全集を｛すべて／たくさん／半分｝読んだ。

「程度副詞」として考えられるものに「頻度の副詞」もあります。回数というものを程度と考えると、「よく」「ときどき」「たまに」なども「程度副詞」に見えてきます。

・定期テストが近くなると、近所の図書館に｛よく／ときどき／たまに｝行く。

「頻度の副詞」との関連で問題になるのが「時間の副詞」です。「かつて」のような過去、「いずれ」のような未来、「もう」「まだ」のような完了・未完了、「しばらく」「ずっと」のような期間など、多彩です。これらを一歩進めると、「昨日」「明日」といった名詞まで「時間の副詞」に近づきそうです。「程度副詞」という枠組みからはかなり遠い気もしますが、本書では「頻度の副詞」の延長にあるものと考え、「程度副詞」の仲間に入れておくことにします。

予告副詞――言いたいことを先回りして表現する

「属性副詞」を「情態副詞」と「程度副詞」に分けたように、本書では「陳述副詞」も「予告副詞」と「検討副詞」の二つに分けて考えたいと思います。まずは、「予告副詞」から説明します。

日本語は、文の最後に動詞が来るＳＯＶという構造を取りますので、文をおしまいまで聞かないと意味がわからないといいます。しかし、それでは情報を伝えるときにあいまいになりやすいので、言いたいことを先に言う方法が副詞において発達しています。それが「予告副詞」です。

「予告副詞」は「呼応の副詞」と「評価の副詞」に分かれます。「呼応の副詞」は、文末の述語と呼応するもので、「ぜんぜん」と来れば否定の「ない」、「いったい」と来れば疑問の「か」、「まるで」と来れば比喩の「ようだ」のように、決まった文法形式の述語と対応するものです。

・説明書のとおりにやってみても、ぜんぜんうまくいかない。
・いったいどうすればうまくいくのだろうか。
・まるで複雑な迷路に入りこんでしまった子猫のようだ。

「評価の副詞」は「呼応の副詞」とは異なり、文末の文法形式ではなく、文全体の内容と対応するものです。「幸運にも」と来れば幸運の内容が、「残念ながら」と来れば残念な内容が次に続きます。

・幸運にも、憧れのアイドルを間近で見ることができた。
・残念ながら、これを食べたら確実にやせるという食品はない。

検討副詞――頭のなかで検討した、物事の見方・考え方・言い方を示す

人間は、話をするとき、頭のなかにある内容をそのまま話すわけではありません。頭のなかで考え、言葉を紡《つむ》ぎだすという過程を取ります。「検討副詞」は、このような思考過程、表出過程において頭のなかで検討したことを示す副詞です。

思考過程を検討する副詞は二つに分かれます。一つは「認定の副詞」です。たとえば、「たしかに」「やっぱり」という副詞は頭のなかで行われる確認という作業を伴います。自分が言おうとする内容を検討し、その結果正しいと思われる内容を口にするわけですが、頭のなかでの検討を経て導きだされた内容であるということを「たしかに」や「やっぱり」は示しています。

・たしかに、ストレスが溜まると、甘いものに手が伸びがちである。
・やっぱり、スポーツは見ているだけでは面白さがわからない。

思考過程を検討するもう一つの副詞は「限定の副詞」です。私たちの頭のなかにはさまざまな話題がグループとして収まっています。そこから文脈に合った話題を選びだしてくるときに使うのが「限定の副詞」です。「とくに」であれば、いくつかあるうちの目立つものが「とくに」で選ばれ、「おもに」であれば、いくつかあるうちの中心的なものが「おもに」で選ばれます。

・冬は温かい食べ物が恋しくなる。とくに鍋。
・意外なことに、サイン会の参加者は、おもに五〇代の男性であった。

一方、どのように言葉にするか、表出過程を検討する副詞は「発話の副詞」になります。「正直言うと」が「正直」になったり、「ぶっちゃけて言うと」が「ぶっちゃけ」になったりするように、どのように言うのかという話し手の姿勢が表れる副詞です。

・正直、家族四人で月四万円の食費はしんどい。
・お金があっても幸せとは限らないけど、ぶっちゃけ、お金がないと幸せになれない。

副詞の分類

ここまでの副詞を整理すると、次のようになります。二系統四類一一種です。

本書では、この枠組みに沿って副詞の解説を行いますので、このページにしおりを挟んでいただいて、必要になるたびにこのページに立ち戻り、ご自身が今どのカテゴリの副詞に注

本書の副詞の分類

- 属性副詞
  - 情態副詞
    - 様態の副詞……「ゆっくり」「まっすぐ」
    - 結果の副詞……「おいしく」「きれいに」
  - 程度副詞
    - 程度の副詞……「かなり」「やや」「多少」
    - 数量の副詞……「すべて」「たくさん」「半分」
    - 頻度の副詞……「よく」「ときどき」「たまに」
    - 時間の副詞……「かつて」「もう」「しばらく」
- 陳述副詞
  - 予告副詞
    - 呼応の副詞……「ぜんぜん」「いったい」「まるで」
    - 評価の副詞……「幸運にも」「残念ながら」
  - 検討副詞
    - 認定の副詞……「たしかに」「やっぱり」
    - 限定の副詞……「とくに」「おもに」
    - 発話の副詞……「正直」「ぶっちゃけ」

目しているのかを確かめるようにしてください。

日本語の文の構造は「玉ねぎ構造」になっていることが知られています（林一九六〇、南一九七四）。文の中央には命題と呼ばれる事柄そのものが位置し、その命題を前後から包み込むように、話し手の事柄の成立にたいする態度を示すモダリティと呼ばれる要素が幾層にもなって文頭と文末につく構造になっています。

・残念ながら、たぶん、チケットはかなり早く売り切れたんじゃないかなあ。

この文を例に考えてみると、「残念ながら」という「評価の副詞」がもっとも前にあり、「なあ」という文末と呼応しており、次に「たぶん」という「呼応の副詞」があり、これは「んじゃないか」と呼応しています。この部分がモダリティと呼ばれます。一方、そのなかに「チケットはかなり早く売り切れた」という命題があり、「売り切れた」を修飾する「早く」という情態副詞と、「早く」を修飾する「かなり」という程度副詞が入るという入れ子構造になっています。

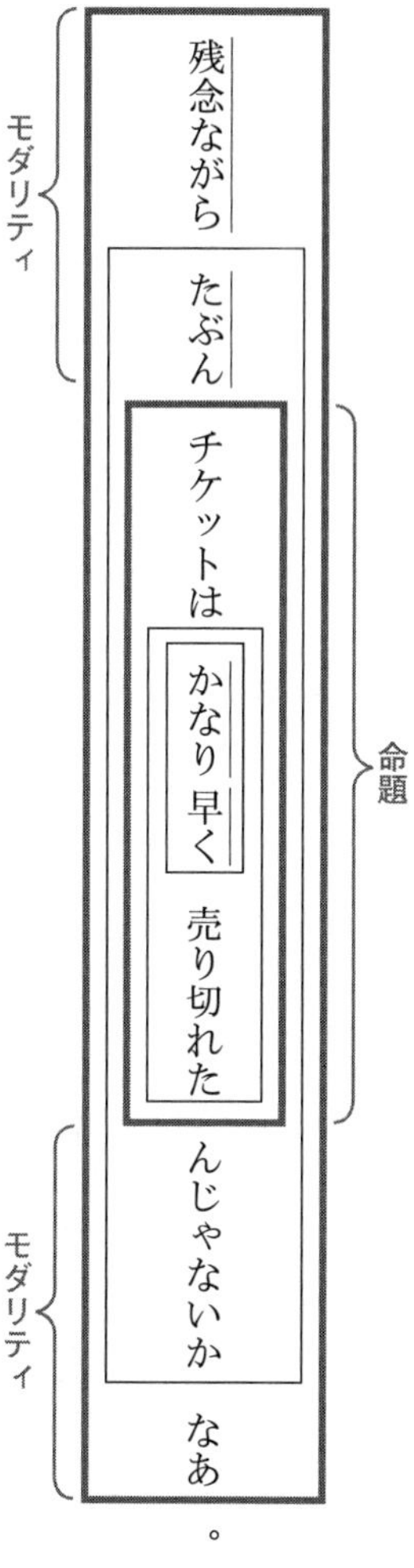

つまり、文の命題の前後につくモダリティで働くのが陳述副詞、文の内部に位置する命題で働くのが属性副詞となるわけです。

3. 副詞とは何か

副詞の五つの性質

以上のように副詞全体は整理できるのですが、じつはそんなに単純ではありません。ある副詞がかならずどこかにきれいに分類できるわけではないからです。たとえば、「たっぷり」「どっさり」という「数量の副詞」はプラスの評価を、「ちっとも」「ろくに」という否定の「呼応の副詞」はマイナスの評価を持っています。そうすると、「評価の副詞」の仲間には入らないのかという疑問が湧いてきます。

また、「さっぱり」というのは擬態語として考えると「様態の副詞」ですが、魚釣りをしていて釣れないときに使う「さっぱり」は「呼応の副詞」になります。「とても」は程度副詞として知られていますが、「とてもまねできない」のような「とても」は不可能と共《きょう》起《き》する「呼応の副詞」でしょう。

副詞の５つの性質

① 描写性：出来事をリアルに写し取る

② 程度性：物事の捉え方に物差しを当てる

③ 予告性：内容を先回りして表現する

④ 評価性：事態に話し手の評価を込める

⑤ 期待性：自らの基準とのズレを語る

副詞は、一つひとつの例を見ていけばいくほど、分類が困難になるように思われます。そこで提案したいのが、副詞という語が備えやすい性質を列挙することです。本書では、副詞の性質を五つ挙げ、必要に応じて言及しながら話を進めたいと思います。

一つ目は「情態副詞」に典型的に見られる「描写性」です。「ガタガタ」「ゲラゲラ」などの擬音語、「つるつる」「くるくる」などの擬態語など、出来事をリアルに写し取る特徴があります。

二つ目は「程度副詞」に典型的に見られる「程度性」です。副詞は、動詞や形容詞といった用言だけでは表しきれない段階を細かく表現することができます。いわば、物事の捉え方に物差しを当てる働きがあるわけです。

三つ目は「予告副詞」に典型的に見られる「予告性」です。文末まで見ないとわからないはずの内容を先回りして文頭で表現することで、文全体の内容を誤解なく伝えることができます。

四つ目は「評価の副詞」に典型的に見られる「評価性」です。副詞は形容詞と同様に話し手の主観が働きやすい品詞で、使うことで話し手の評価を帯びることはいわば副詞の宿命です。

五つ目は「認定の副詞」や「限定の副詞」に典型的に見られる「期待性」です。私たちは現実の事象をあるがままに眺めているわけではありません。一人ひとりの頭のなかにある基準を期待値として実際の事象を照合しながら眺め、そのズレを副詞に込めて表現します。

副詞の期待性——気持ちを効果的に伝える

副詞を考えるうえでとくに大事なのは、「期待性」です。

私たちが言葉で表現するとき、客観的な語り方と主観的な語り方があります。名詞や動詞で語る語り方は、一般に客観的になりやすいと考えられます。名詞の語りは概念や知識を語る語りに、動詞の語りは存在や出来事になり、事象をありのままに語ろうとするからです。

これにたいし、形容詞や副詞で語る語り方は、一般に主観的になりやすいものです。形容詞の場合、同じ二〇度という気温であっても、春になると暖かく、秋になると涼しく感じます。これは、話し手の持っている基準が、冬という寒い季節を経た春と、夏という暑い季節を経た秋とで異なるからです。「二〇度」という世界は客観的な名詞の世界であり、「暖かい」「涼しい」というのは主観的な形容詞の世界です。もちろん、こうした主観的な表現が通じるのは、話し手も聞き手も共通経験を持っているからです。共通経験に基づく共感が形容詞による表現のキモとなります。

　形容詞に見られるこうした事情は、じつは副詞の場合でも同じです。「川がゆっくり流れる」という表現が成立するのは、話し手の頭のなかに「川が流れる」速さがあり、それよりもゆっくりだからこう表現しているのです。日本三大急流として知られる富士川のそばで育った人と、比較的流れが穏やかなことで知られる利根川のそばで育った人とでは、「ゆっくり」の感覚が違うでしょう。目の前の現象と自分の感覚にズレを感じると、話し手は副詞を入れたくなるのです。

　また、「とても大きなハンバーガー」の「とても」も、人によって受け取り方が異なりそうです。マクドナルドのハンバーガーしか食べたことがない人と、佐世保バーガーを食べたことのある人とでは「とても」の意味が違うことが予想されます。佐世保バーガーを見て「とても」がつくのは、おそらくマクドナルドのハンバーガーしか食べたことがない人でしょう。

情報伝達という観点で考えると、副詞はあってもなくてもよい表現です。副詞には情報はほとんど含まれていないからです。「大きい」と「とても大きい」、「おいしくない」と「ぜんぜんおいしくない」、「とても」や「ぜんぜん」がついたからといって、実のある情報が増えるわけではありません。

しかし、だからこそ、副詞は重要なのです。言わなくてもよいのにわざわざ言うのには意味があるはずです。その意味とは情報伝達ではありません。感情伝達です。副詞は気持ちを伝えるのに高い効果を発揮するのです。

・あなたは私の気持ちを、わかってくれない。
・あなたは私の気持ちを、ちっともわかってくれない。

「ちっとも」があるからといって、情報量は増えていません。しかし、「ちっとも」があるほうが話し手の気持ちは確実に伝わります。そこには「少しはわかってくれるはず」という淡い期待があり、その期待が完全に裏切られたことを「ちっとも」が示しているからです。

・激しい雨のなか、駅まで迎えに来てくれてありがとう。
・激しい雨のなか、わざわざ駅まで迎えに来てくれてありがとう。

こちらは感謝を伝える文ですが、「わざわざ」があったほうが感謝の気持ちがより伝わるでしょう。手間を惜しまずという意味が「わざわざ」に込められているからです。

一方で、入れてはいけない副詞を入れて、炎上するケースがあります。これは、二〇一九年五月に衆議院議員をしていた方による発言の実例です。

・「お子さんやお孫さんにぜひ、子どもを最低三人くらい産むようにお願いしてもらいたい」
・「結婚しなくていいという女性がみるみる増えちゃった」

釈明によれば、「子どもを安心して産み、育てやすい環境を作ることが重要だとの思いで発言したが、さまざまな生き方が尊重される社会であるべきと考えており、それを押しつけたり、誰かを傷つけたりする意図はなかった」とのことですが、「最低」や「みるみる」のような副詞を使う動機として、そこには発言者なりの「期待性」が透けて見えています。

以前、別の国会議員が厚生労働大臣であった二〇〇七年、「女性は産む機械」という発言にたいして大きな批判が寄せられました。それと同じような価値観が、この副詞の使用ににじみでたため、世論の大きな反発を招いたと推察されます。

このように、副詞は話し手の暗黙の前提に基づいて出てくるものですので、うまく使えば気持ちを効果的に伝えられる半面、失敗すると取り返しのつかない事態を招きます。

名詞、動詞、形容詞を食事と考えると、副詞は薬なのかもしれません。適切に服用すれば効果を発揮するのですが、適切でない服用は深刻な副作用を起こします。本書のタイトルを『コミュ力は「副詞」で決まる』としたのは、薬のような効果と副作用を併せ持つ副詞の性格によるものです。

副詞とは——話し手の先入観の反映

本章の冒頭では、副詞の意味について、どんな意味を表すか、よくわからないと述べました。しかし、ここまで読んできた読者のみなさんは、副詞がどんなものか、おぼろげながらでも見えてきたのではないでしょうか。

副詞は、語ろうとする事態を話し手が主観的に捉えた表現です。話し手にはそれぞれこれが普通と考えるものの見方の基準があり、その基準を軸に事態を捉えようとします。そのように捉えると、事態そのものを描く名詞、動詞、形容詞に加え、事態が自分の目にどう映るのか、基準となる軸との関係で示す必要が出てきます。それが副詞です。

私たちは先入観なく物事を見ているわけではありません。心理学の認知バイアスという言葉が示すように、それぞれが偏《かたよ》った見方で、こうあるのが常識的であるという期待込みで世の中を見ているわけです。もちろん、すべての情報をゼロから処理していては情報処理が追いつきませんので、先入観を利用して物事を見るという行為は、情報の処理効率を向上させるうえで誰もがしていることです。

それぞれが先入観を持って世界を見ている以上、同じような先入観を持つ者同士が適切な副詞を使えば、共感が生まれ、相互理解が進みます。その意味で副詞は、感情の共有が促進され、人間関係を深める点で、情報を伝達する表現よりも重要な表現となることが少なくありません。しかも、副詞は、なくてもよい表現をあえて入れているために、聞き手がとくに注意を向けやすい表現です。その意味でも副詞は効果的な表現といえるでしょう。

しかし、政治家の発言が炎上した例で見たように、本人も意識していない思い込みが副詞に表れてしまう危険性もあります。論文・レポートで副詞はできるだけ控えるように指導されるのは、客観的であるべきものの見方が先入観にまみれてしまうからです。そのような副詞の魅力と課題について、第2章以降でより深く掘り下げていくことにしましょう。

第2章

副詞の多用

――「ホントにホントにホントにライオンだ♪」

1．副詞の重要性

言語コーパスで副詞の使用状況を分析する

人は物事をあるがままに見るのが苦手で、それぞれのバイアスを持って物事を見る。それが副詞という品詞に表れている。前章ではそう述べました。なぜそうしたことが言えるのでしょうか。まずは、データからその点を解き明かしましょう。

言語コーパスをご存じでしょうか。コーパスとは、書き言葉である文章や、話し言葉である発話を大量に集め、コンピュータで検索・分析がしやすいようにデータベース化した言語資料のことです。私の勤務先である国立国語研究所では、文章、会話、古典、方言、外国人の話す日本語など、多様なコーパスを構築し、「中納言」という名称でウェブ上に公開しています（https://chunagon.ninjal.ac.jp/）。登録すれば誰でも無料で使えますので、興味のある方は「中納言」「国立国語研究所」で検索してみてください。

本書ではこのうち二つのコーパスを紹介します。

一つは、『現代日本語書き言葉均衡コーパス』（ＢＣＣＷＪ）です。『現代日本語書き言葉均衡コーパス』は、現代日本語の書き言葉の全体像を把握するために構築されたコーパスであり、刊行された新聞・雑誌・書籍から作られた出版（生産実態）サブコーパス、図書館の蔵書を参考に作られた図書館（流通実態）サブコーパス、白書、教科書、ベストセラー、ブログなど、特徴的なジャンルから作られた特定目的サブコーパスの三つからなり、日本語の書き言葉の実態の縮図を捉えることを目指して設計されたコーパスです（山崎二〇一三）。

もう一つは、『日本語日常会話コーパス』（ＣＥＪＣ）です。『日本語日常会話コーパス』は、さまざまな人が多様な場面で話している日常会話がバランスよく収集されているコーパスです。年齢・性別のバランスを考慮して選ばれた協力者四〇名が、職場、飲食店、屋外、家庭内など多様な場面において多様な話し手と会話をした一八五時間、それを補う職場の会話一〇時間と中高生の会話五時間の計二〇〇時間分のデータが収められており、一般人の普通の話し方がわかるコーパスです（小磯ほか二〇二二）。

ここではまず、『現代日本語書き言葉均衡コーパス』の副詞のランキングを見てみたいと思います。このランキングは、形態素解析という技術を用いて取りだされた形態素の品詞別ランキングに基づいています。形態素は一般に単語といわれているものとだいたい同じですが、意味を持つ表現の最小単位ですので、単語よりも短くなることもあります。

たとえば、「国立国語研究所」は一単語に見えますが、形態素解析にかけると「国立」「国語」「研究」「所」という四形態素になります。形態素解析を体験してみたい方は、「Ｗｅｂ茶まめ」(https://chamame.ninjal.ac.jp/) に行って、実際にやってみてください。

言語は、短い単位のものほど、コンピュータで正確に分析できるという特徴があります。このため、形態素解析の技術はＧｏｏｇｌｅをはじめとする検索で広く使われています。たとえば、「エセ大阪弁」と検索すると、「エセ大阪弁」ではなく「エセ関西弁」のほうがよくヒットするのは、「エセ」「大阪」「弁」で検索が行われ、「エセ関西弁」というタイトルの、本文中に「大阪」が出てくる記事が多く引っかかるからでしょう。

「書き言葉コーパス」での副詞ランキング

本書では、形態素レベルの副詞だけではなく、「もうすぐ」や「ほぼほぼ」のような複合形式の副詞、形容詞・形容詞の連用形、名詞や感動詞に近い形容詞など、より広い範囲のものを「副詞」としていますので、形態素解析では抜け落ちてしまうものもありますが、目安

日本語の文章の副詞ランキング
（『現代日本語書き言葉均衡コーパス』の形態素解析による）

副詞順位	総合順位	副詞	PMW
1	74	そう	1,253
2	81	どう	1,126
3	145	もう	599
4	151	こう	566
5	195	よく	404
6	246	すこし	337
7	262	まだ	316
8	265	やはり	314
9	287	ちょっと	285
10	297	また	279
11	315	まず	262
12	316	すぐ	261
13	321	とくに	256
14	339	たとえば	242
15	379	なぜ	221

副詞順位	総合順位	副詞	PMW
16	382	まったく	216
17	393	いちばん	212
18	412	もちろん	200
19	415	あまり	199
20	426	つまり	196
21	427	もし	196
22	448	すでに	191
23	450	さらに	191
24	477	はじめて	183
25	487	とても	180
26	508	もっとも	173
27	532	かなり	165
28	543	もっと	162
29	620	かならず	143
30	654	まあ	136

＊PMW（Per Million Words）：100万語あたりの語数

としては参考になりますので、形態素による副詞のランキングを見てみましょう。

こそあど言葉の「こう」「そう」「どう」が多いのは予想がつきますが、「もう」「まだ」という時間を表す副詞が上位に来ているのはやや予想外でしょうか。「よく」という頻度の副詞、「すこし」という量の副詞、「やはり」「ちょっと」という日本語らしい副詞も上位で目につきます。

ただ、総合順位から見てもわかるように、トップの「そう」でも七四位、二位の「どう」でも八一位であり、一〇〇万語あたりの語数であるPMW（Per Million Words）でも一〇〇〇語を超えるのはこの二つだけです。

ちなみに、総合順位のベストテンを挙げると、一位は格助詞「の」、二位は格助詞「に」、三位は接続助詞「て」、四位は係助詞「は」、五位は助動詞「だ」、六位は格助詞「を」、七位は助動詞「た」、八位は動詞「する」、九位は格助詞「が」、一〇位は格助詞「と」であり、七四位や八一位でも健闘しているとはいえますが、そこそこ多いという印象に留《とど》まります。

接続詞で見てみると、トップの「また」が八四位、二位の「しかし」が一二六位、三位の「そして」が一四四位です。文章における副詞は接続詞と同程度の使用頻度であり、たくさん使われるわけではないが、ここぞというところで使われるものだと見てよさそうです。

「話し言葉コーパス」での副詞ランキング

一方、話し言葉になると傾向がずいぶん変わります。先ほど紹介した『日本語日常会話コーパス』でのデータを、『現代日本語書き言葉均衡コーパス』と比較しながら見てみることにしましょう。

もちろん、話の内容も、発信者・受信者の関係も異なりますので、単純な比較は困難ですが、それでも典型的な書き言葉と話し言葉の違いを知ることはできるでしょう。

上位のランキングには「そう」「もう」「ちょっと」「こう」「どう」「やはり」などが顔を見せ、文章のランキングと一見変わらないように見えますが、上位に出現する副詞の出現頻度は非常に多いです。

ＰＭＷで見ると、「そう」は書き言葉の一二五三にたいして話し言葉は二〇九四六の一六・七倍、「もう」は書き言葉の五九九にたいして話し言葉は五三九九の九・〇倍、「ちょっと」は書き言葉の二八五にたいして話し言葉は三五三四の一二・四倍です。

三〇位同士を比べると、書き言葉の一三六と話し言葉の一七八でさほど変わらなくなり、一〇〇位まで見ると、書き言葉の三三にたいして話し言葉では二〇と数は逆転するのですが、

日本語の会話の副詞ランキング
（『日本語日常会話コーパス』の形態素解析による）

副詞順位	総合順位	副詞	PMW
1	7	そう	20,946
2	41	もう	5,399
3	45	まあ	4,640
4	51	ちょっと	3,534
5	61	こう	2,841
6	76	どう	1,961
7	81	やはり	1,799
8	107	たぶん	1,195
9	115	けっこう	1,000
10	118	ぜんぜん	944
11	143	まだ	787
12	162	なるほど	637
13	166	あまり	630
14	175	また	590
15	181	よく	570
16	194	いちばん	499
17	210	ちゃんと	439
18	211	ずっと	438
19	231	いろいろ	360
20	233	いっぱい	359
21	263	めちゃ	310
22	268	たとえば	304
23	269	もっと	303
24	286	すぐ	278
25	303	どうぞ	254
26	321	まず	231
27	329	もし	223
28	343	とりあえず	209
29	349	きっと	205
30	386	ちょうど	178

＊PMW（Per Million Words）：100万語あたりの語数

少なくとも上位だけを見ると、総合順位で二〇〇位に入る副詞は、書き言葉では五つしかないのにたいして、話し言葉では一六と、会話では一部の副詞が非常に多く使われており、副詞なしには日常生活が送れない実態が見えてきます。

また、話し言葉ではよく使われるものの、書き言葉ではあまり使われない副詞も目立ちます。話し言葉で三位の「まあ」は書き言葉では三〇位、話し言葉で八位の「たぶん」は書き言葉では四七位、話し言葉で九位の「けっこう」は書き言葉では四五位、話し言葉で一〇位の「ぜんぜん」は書き言葉では六八位、話し言葉で一二位の「なるほど」は書き言葉では一一〇位と大きな開きが見られます。

「まあ」「たぶん」は言いきらない副詞であり、話し相手にたいして断定せず、ためらいながら言う話し方が好まれる話し言葉の実態が見えてきます。また、「けっこう」「ぜんぜん」は、話し相手の質問に答えるときによく使われる副詞であり、話し手が抱いている基準と比べてどうかを表現するときに使われます。「なるほど」は言うまでもなく相づちとして使われるもので、会話で使われる必然性のある副詞です。

歌詞における副詞ランキング

もう一つ、興味深いデータを見ておくことにしましょう。それは、私たちにとって身近な歌謡曲の歌詞です。

歌詞にはじつは副詞が数多く出てきます。なぜなら、歌詞には作り手の気持ちがこもっているからです。歌詞検索サービスの『歌ネット（Uta-Net）』を使って調べてみることにしましょう。コーパスではないので、語数を正確には測れないのですが、参考にはなると思います。検索日は二〇二三年一月三〇日です。

集計の手順は次のとおりです。

①『現代日本語書き言葉均衡コーパス』と『日本語日常会話コーパス』の上位一〇〇位の副詞を、検索候補として選びます。

②検索候補となった副詞のうち、異なる表記のあるものはその候補も検討します。たとえば、「ただ」の場合、「唯」「只」「徒」なども対象になり、③以下の検索をし、最後に合計します。

③『歌ネット（Uta-Net）』の歌詞の検索でその副詞を検索し、ヒットした最初の一〇〇

日本語の歌詞の副詞ランキング

（『歌ネット（Uta-Net)』による）

副詞順位	書き言葉での順位	話し言葉での順位	副詞	推計数
1	3	2	もう	91,444
2	10	14	また	57,839
3	56	29	きっと	57,590
4	7	11	まだ	52,701
5	32	18	ずっと	49,225
6	1	1	そう	48,589
7	34	48	ただ	46,210
8	2	6	どう	43,973
9	6	34	すこし	38,721
10	28	23	もっと	31,924
11	12	24	すぐ	29,161
12	15	54	なぜ	19,976
13	9	4	ちょっと	18,109
14	42	—	まるで	15,910
15	17	16	いちばん	11,971
16	—	53	たしか	11,670
17	21	27	もし	10,615
18	8	7	やはり	10,494
19	25	68	とても	8,675
20	79	—	たとえ	8,485
21	36	44	たくさん	8,332
22	58	17	ちゃんと	7,982
23	—	91	まっすぐ	7,935
24	93	20	いっぱい	7,873
25	100	41	たまに	7,554
26	94	—	まだまだ	7,351
27	51	—	やがて	7,257
28	29	46	かならず	7,235
29	5	15	よく	7,048
30	4	5	こう	6,628

例を見て、副詞でないものを目視で除きます。

④検索でヒットした例が一〇〇例以下の場合はその副詞の数を、一〇〇例を超えた場合は（ヒット数）×（副詞の数）／一〇〇という計算式で副詞の全数を推定したものを、それぞれ推計数として記します。

その結果は前ページの表のとおりです。

この表を見て気づくことは、いくつかあります。

まず、基本的には、副詞の頻度で見ると、書き言葉と話し言葉の中間に位置するものであることが見てとれます。

また、「そう」「どう」「よく」「こう」といった書き言葉や話し言葉で定番だった副詞の順位が大きく下がっていること、反対に、「きっと」「ずっと」「ただ」「もっと」「まるで」「たしか」「たとえ」「たまに」「まだまだ」「やがて」など、書き言葉や話し言葉で相対的に少なかった副詞の順位が大きく上がっていることは注目に値します。

トップの副詞「もう」で思いだすのは「もう　終わりだね　君が小さく見える」という歌い出しで有名なオフコース『さよなら』（作詞／小田和正、一九七九年）です。小田和正は優れた副詞の使い手であり、ここでは明治安田生命のCMソングとして多くの人の心に届いた名曲『たしかなこと』（作詞／小田和正、二〇〇五年）の歌詞を見てみましょう。

雨上がりの空を見ていた　通り過ぎてゆく人の中で
哀しみは絶えないから　小さな幸せに　気づかないんだろ

時を越えて君を愛せるか　ほんとうに君を守れるか
空を見て考えてた　君のために　今何ができるか

忘れないで　どんな時も　きっとそばにいるから
そのために僕らは　この場所で
同じ風に吹かれて　同じ時を生きてるんだ

自分のこと大切にして　誰かのこと　そっと想うみたいに
切ないとき　ひとりでいないで　遠く遠く離れていかないで

疑うより信じていたい　たとえ心の傷は消えなくても
なくしたもの探しにいこう　いつか　いつの日か見つかるはず

いちばん大切なことは　特別なことではなく
ありふれた日々の中で　君を
今の気持ちのまゝで　見つめていること

君にまだ　言葉にして　伝えてないことがあるんだ
それは　ずっと出会った日から　君を愛しているということ

君は空を見てるか　風の音を聞いてるか
もう二度とこゝへは戻れない
でもそれを哀しいと　決して思わないで

いちばん大切なことは　特別なことではなく
ありふれた日々の中で　君を
今の気持ちのまゝで　見つめていること

忘れないで　どんな時も　きっとそばにいるから
そのために僕らは　この場所で
同じ風に吹かれて　同じ時を生きてるんだ

どんな時も　きっとそばにいるから

歌詞に出てくる副詞は、「ほんとうに」「今」「きっと」「そっと」「遠く」「たとえ」「いつか」「いちばん」「まだ」「ずっと」「もう」「二度と」「決して」です。一位の副詞「もう」は「もう二度とこゝへは戻れない」、二位の「また」はありませんが（同じ小田和正の歌詞では『また、春が来る』が参考になります）、三位の副詞「きっと」は「きっとそばにいるから」、四位の副詞「まだ」は「君にまだ　言葉にして　伝えてないことがあるんだ」、五位の副詞

「ずっと」は「ずっと出会った日から　君を愛しているということ」と歌詞頻出副詞のオンパレードです。そのほか、「そっと」「たとえ」「いちばん」など、歌詞らしい副詞がたくさん使われていることに気づくでしょう。

歌詞に多いということは、詩にも小説にも、漫画にも映画にも、アニメにもドラマにも多いことは容易に想像ができます。副詞は一人ひとりの気持ちを繊細に伝える働きを持つ品詞であり、おおげさではなく、日本の大衆文化を支える品詞なのです。

2．副詞の連呼

連呼する副詞に個性が表れる

ここまで見てきたように、話し言葉で非常に多く使われる副詞ですが、その背景には副詞の連呼とでも呼べる現象があります。ある副詞を言いはじめたら、その副詞から離れられなくなり、同じ副詞を何度も言ってしまうスパイラル状態に陥る現象です。先ほど見た表から、話し言葉でとくに連呼されがちな副詞をいくつか取りだし、見ていくことにしましょう。こそあど言葉の「こう」「そう」「どう」は除き、「もう」「まあ」「ちょっと」「やはり」「けっこう」を順に見ていきます。

例を見ていくと、身近にそういう話し方をする人がいたことをきっと思いだすでしょう。どういう副詞を連呼するかは状況によって異なりますが、その人の個性にかなり左右されます。

以前、『文章は接続詞で決まる』のなかで、その人がどの接続詞を使うかで性格がわかると書いたことがありますが、副詞においてはその傾向はさらに顕著です。周囲の人の話し方を見ることで、その人の内面を推察することは、人間関係を構築していくうえできっとよいヒントになるはずです。

「もう」の連呼

「もう」という副詞は、「もう夜が明けた」と「まだ夜が明けていない」のように、ある事態が完了か未完了かの違いを表すのに使われます。また、「もう（そろそろ）終わるよ」とのように、間もなくという意味にもなります。さらに、「もう半分しかない」と「まだ半分もある」のように同じ事態でも人によって捉え方が違うことも表しますし、「ここまで来れば、もう大丈夫」のように安心したときにも使えます。

これらの「もう」は多義語に見えますが、ある時点や地点に到達したという意味では共通しています。これが「もう」の基本的な意味でしょう。「もう一人」や「もう一杯」の「もう」は「さらに」という追加の意味になりますが、これも到達を表していると考えられます。「もう」で連呼が起きやすいのは、取り返しのつかない時点を超えてしまって、後戻りできなくなったときの心情を表すときです。次の例の「もう」は、係る先すら失われて、単独で気持ちを表しているように見えます。

・もう、なんてことをしてくれたのよ。まったく、もう。

また、次の例の「もう」も、一度スイッチが入ってしまった子どもに振り回され、後戻りできなくなった状況が語られ、「もう」のスパイラル状態に陥っています。そうしたときに「もう」の連呼が起きます。

・うちの三歳児は言うこと聞かなくて……。もうその夜も、もう寝るよって言ったら、もう大泣きしたりで、もう大変。

「まあ」の連呼

「まあ」というのは、感動詞との境界線にある副詞です。「まあ」が「まあいいんじゃない」「まあ大丈夫かな」のように形容詞のまえで使われるときには副詞らしく見えるのですが、考えているときに使う場合は感動詞のように見えます。

　考えるときに使われる感動詞には「あのー」と「えーと」があります。「あのー」は言いたいことは定まっているが、それにふさわしい言葉が見つからず、頭のなかで言葉を探しているときに使われるのにたいし、「えーと」は言いたいこと自体がどこかに行ってしまい、頭のなかで言いたいことを検索しているときに使われます。これらは完全に感動詞、より正確にはフィラーと呼ばれる間投詞です。詳しくは、第6章の「1.『認定の副詞』と話し言葉との相性」のところで説明しますので、そちらを見てください。

　一方、「まあ」は言いたいことも見つかっており、言うべき言葉も決まりかけているのですが、それでよいのか自信が持てないとき、ためらって見せるために使います。その意味では間投詞的です。授業で学校の先生が話しているときに、「まあ」が多いなと感じたことはないでしょうか。あれは先生がだいたいの結論を述べて、次の話題に移りたいときに使う「まあ」です。言っていることが正確かどうかまでは保証しませんが、だいたいこんな感じですよというシグナルを「まあ」に込めているわけです。

考えながら話しているとき、結論を徐々に絞っていこうとしているときに連呼される傾向があります。次のような例がそれに当たります。

・転職ですかあ。まあ、そうですね、まあ、でも、声を掛けてくれる人がいれば、まあ、転職してもいいかなとは、まあ思いますね。

「ちょっと」の連呼

「ちょっと」は意味が広くてあいまいな副詞の代表です。

・お菓子をちょっと食べた。（数量の副詞）

・ちょっと忙しい。（程度の副詞）

・ちょっとティッシュ取って。（依頼の予告）
・ちょっとその言い方ひどくない？（非難の予告）
・申し訳ありませんが、それはちょっと……。（躊躇《ちゅうちょ》の予告）
・ちょっと、そこのお兄さん！（呼びかけの予告）

このように、意味が広くてあいまいな言葉は、使われる頻度が高い傾向があります。多様なシチュエーションで使うことができるからです。しかし、たくさん使われる言葉は、単に意味が広くてあいまいであるというだけでは駄目で、たくさん使うだけのモチベーションがなければなりません。「ちょっと」をたくさん使いたくなるのはなぜでしょうか。

それは「ちょっと」が少ないことを表す副詞であり、控えめに言うことができるからです。たとえば、話し手自身が関わる事柄について、「お菓子をたくさん食べた」「かなり忙しい」などと量や程度が多いことを言うのは抵抗があるものです。聞き手のことであっても、「答えが間違ってるね」と言うよりも「答えがちょっと間違ってるね」と「ちょっと」をつけたほうが、相手の誤りをとがめるニュアンスは軽減されるでしょう。「ちょっと」をつけて控えめに言えば、言いにくいことも言いやすくなります。

こうした「ちょっと」の表現を控えめにする機能は、これから言う内容の和《やわ》らげとして働きます。「ティッシュ取って。」「その言い方ひどくない？」よりも「ちょっとティッシュ取って。」「ちょっとその言い方ひどくない？」のほうがぞんざいさは和らぎます。また、できないことをできないとはっきり言うよりも、「それはちょっと……。」と言って語尾を濁《にご》したほうが言いやすくなります。

相手に誘われた場合でも、「すみませんが、その日はちょっと……。」と断ったほうが「その日はだめです。」と言いきるよりもやはり言いやすくなるでしょう。相手に呼びかける場合でも、「そこのお兄さん！」のようにダイレクトに呼びかけるよりも、「ちょっと！」のほうが穏やかだと思われます。

「ちょっと……。」と言われるよりも、はっきり断られたほうがよいという人もいるでしょうし、「ちょっとお時間いいですか？」と言われたものの、「ちょっと」ではない長時間拘束されて不快な思いをした経験のある方もいるでしょう。しかし、話し手の側としては、はっきり言いたくないときに、「ちょっと」を使えれば和らげて伝えられますし、日本語は島国の言語としてははっきり言うことを好まない傾向がありますので、必然的に「ちょっと」の使用頻度は高くなります。

実際の会話では、次のように、話し手にためらいの気持ちがあると、「ちょっと」を連呼するようになりがちです。

・短い時間ではちょっと説明しきれないので、まとまった説明の時間を取りたいと思っているのですが、ちょっと今、私のほうの作業が立て込んでいて、ちょっと準備の時間が取れそうにないので、ちょっと待っていただけますか。

「やっぱり」の連呼

「やっぱり」という副詞もよく使われます。さきほど「やはり」と示しましたが、話し言葉のなかで使われる言い方としては「やっぱり」が中心です。あらたまったときには「やはり」、くだけたときには「やっぱ」が使われます。

「やっぱり」が使われるのは、判断に迷って揺れていたものの、最終的に落ち着いたときです（第6章の「1.『認定の副詞』と話し言葉との相性」参照）。たとえば、ドラマを見ていて、犯人がわかったときに使います。それまでは、別の人物が犯人である可能性も考えていたわけですが、最終的に犯人が誰か、判断がついたときに「やっぱり」が現れます。

・そうか。やっぱり真犯人は担当医だったのか。

一方で、最後まで迷いつづけることもあります。この場合は結論が出かかるたびに、自分で打ち消していることになるわけです。

・やっぱりうどんかなあ。うーん、でも、やっぱりそばにするか。

人は選択の余地があることについて決断を下すとき、自らの判断や行動に一貫性を持たせようとする心理的傾向があります。マーケティングで応用されることもある、一貫性の原理と呼ばれるものです。「やっぱり」を使うと、もともとの考えに沿って一貫性を持って自分の発言を組み立てることができ、自己の判断や行動を正当化することができます。そのようなときに「やっぱり」は連続して使われます。

・飲食店のバイトで食いつなごうかと思ったんだけど、飲食店のシフトはやっぱりイレギュラーだし、やっぱり土日も潰《つぶ》れるので、やっぱりつらくて続かなかったわ。

「けっこう」の連呼

「けっこう」という副詞も気づかれにくいのですが、けっこうよく使われます。「ちょっと」ほど程度は低くないものの、「かなり」ほどは高くなく、平均よりもやや上ぐらいのほどよい程度なので、自慢まではいかない控えめな言い方であることもあるでしょう。また、思っていた以上に、という意外感を表すことができ、ちょっとした驚きを込めて使える点も、よく使われる理由になっています（第６章の「１」参照）。

・高崎は県庁所在地じゃないんだけど、新幹線や関越が通っていてけっこう便利で、大型のショッピングセンターもけっこう多くて、パスタとかイタリアンがけっこうおいしくて、文化的にも群馬交響楽団や高崎経済大学があってけっこういいところだよ。

「本当に」の連呼

最後に一つ、別の品詞に分類されているのですが、副詞として使われるものを見ておきましょう。それは「本当に」です。形態素解析上は名詞と分類されますが、「本当に」という副詞用法がよく使われます。『日本語日常会話コーパス』の総合順位でも七二位であり、ＰＭＷが二一七〇ですから、かなり高い頻度です。本章の章タイトルでもおわかりのように、富士サファリパークの有名なＣＭソングでも「本当に」は連呼されています。

ホントにホントにホントにホントに　ライオンだ
近すぎちゃってどうしよう
ホントにホントにホントにホントに　行きたくなって
富士サファリパーク

以上は一五秒バージョンですが、三〇秒バージョンでは象と熊が出てきて、さらに「ホントに」が連呼されます。

スポーツ選手には感極まる瞬間があります。優勝した直後の選手のインタビューがその典型ですが、そのインタビューを聞いていると、ほぼ例外なく「本当に」という副詞が連呼されています。次は、二〇二一年の東京２０２０オリンピックの卓球の混合ダブルスで金メダルを獲得した水谷隼《みずたにじゅん》・伊藤美誠《みま》ペアのインタビューです。

——卓球競技のなかでも最初が混合ダブルスの金メダルでした。感想をお聞かせください。

水谷　そうですね、七月二四日に混合ダブルスの一回戦があって、二六日決勝という、本当に息つく暇もないくらいあっという間の三日間でした。とくに二五日朝に行われた準々決勝のドイツ戦では絶体絶命の場面まで追い詰められたので、そこから逆転はできたんですが、生きた心地がしなかったですね。最後は中国ペアにも逆転で勝つことができて、本当に信じられない気持ちでいっぱいでしたね。

伊藤　混合ダブルスが一番短い期間でしたが、本当に濃すぎてあっという間でした。そのあとにシングルスと団体戦で中国の選手に負けてしまいました。切り替えが大事だと思っていて、優勝したことを忘れてしまうくらいしっかり切り替えようと思っていた分、中国の選手に勝ったという実感が逆にありません（笑）。でも、勝った瞬間は本当にうれしかったですし、どちらかというと「本当に優勝しちゃったよ」という感覚だったので、あらためて本当にすごいことをしたと思います。とにかく楽しかったですね。準々決勝はつらかったですが、決勝は楽しめました。

(https://www.joc.or.jp/sp/news/detail.html?id=14158)

インタビューを短く抜粋した部分ですが、水谷選手のなかには二回、伊藤選手のなかには四回「本当に」が出てきています。

「本当」の反対は「うそ」であると考えると、「本当に」が繰り返されるのはうそが疑われるときとなるでしょう。もちろん、刑事ドラマで容疑者が無実を主張するとき、「刑事さん、俺は本当にやっていないんだ」などと「本当に」が繰り返されることはあるのですが、先のインタビューは別にうそが疑われているわけではありません。むしろ、「現実」と「非現実」の対立において「本当」の反対は「夢」であり、夢を実現したという実感が「本当に」という副詞に表れていると見るべきでしょう。今度スポーツ中継を見るときには、ぜひ選手の優勝インタビューに耳を傾けてください。「本当に」の過剰な反復が確認できるはずです。

感謝や謝罪にも「本当に」が頻繁に出てきます。「本当にありがとうございます」「本当に申し訳ありません」の「本当に」です。詳しくは第10章の「3．方言と副詞」で取り上げる、西川きよしさんの横山やすしさんへの弔辞《ちょうじ》のなかの「本当に」「ホンマに」をご覧いただきたいのですが、そこでもまた、自分の述べている感謝や謝罪がうそ偽《いつわ》りのない、心の底からのものであるという気持ちを込めて、「本当に」を繰り返していることがわかります。

以上見てきた多義性の高い副詞は、話し言葉で頻度がきわめて高く、しかも、連呼して使われやすい傾向があります。もし何かを客観的に描写し、ある決まった動詞を修飾しているのであれば、ここまで多用されることはありませんし、ましてや、連続で使われることはないでしょう。副詞は話し手の事態の捉え方を示す主観的な存在であり、そこに気持ちがこもりやすいため、ここまで頻用されるのです。一度感情のスパイラル状態にはまったら、そこから抜けださせない力を副詞は備えています。

副詞は大事ではないと言う人がもしいたら、その人が一日何を話しているのか録音してみることです。そうすれば、その人の話し言葉のなかに副詞が山のように出てくることがわかるでしょう。自分が副詞を使っているという自覚がないだけで、無意識のうちにたくさんの副詞を使っているのです。

さらに、その人が意識せずに口癖として使っている副詞を分析すると、その人の性格やその場の気持ちまで推《お》し量《はか》れてしまいます。副詞というのはじつに怖い言葉なのです。

第3章

情態副詞

——「ちゃんとやってよ！」

1．情態副詞の範囲

意味の三角形

情態副詞は、第1章で見たように、動詞を修飾し、動作の様子を詳しく描写するもので、動詞とセットで使われます。動詞とセットで使われるため、動詞の直前に置かれることが多い傾向があります。

・太ったネコが我が家の縁側にのんびり寝そべっている。

情態副詞は意味の三角形を作ります。ここで言うと、「太ったネコ」という主語と、「のんびり」という副詞がイコールであると同時に、「寝そべっている」という動作と「のんびり」という副詞がイコールです。

意味の三角形

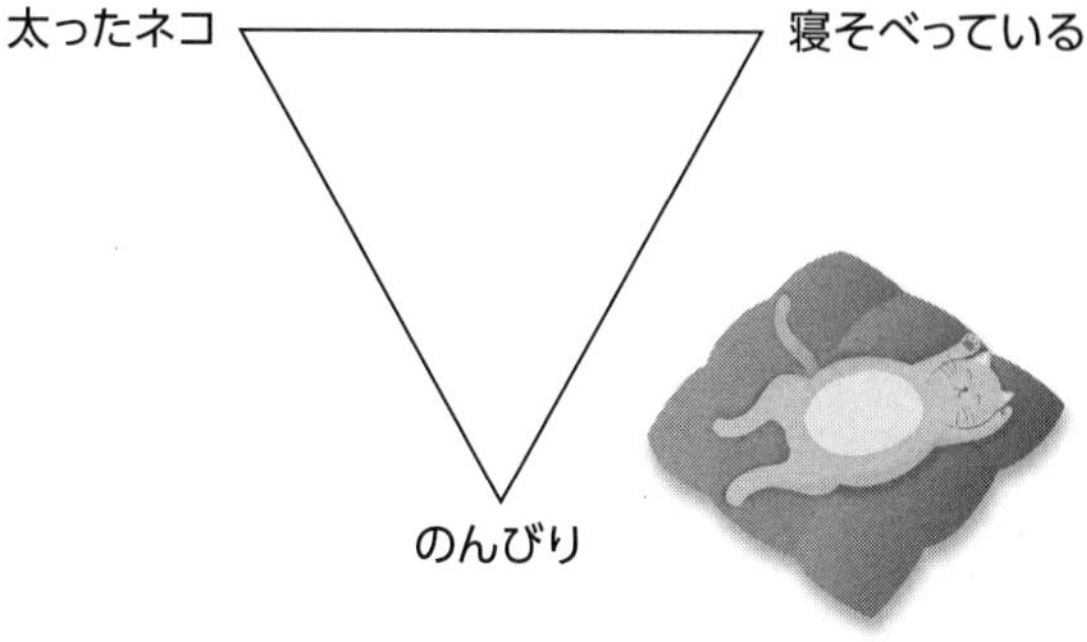

「太ったネコが寝そべっている」というのが文の構造の柱ですが、そこに「のんびり」が入ることで、「太ったネコはのんびりしている」「寝そべっている姿はのんびりだ」という新たな二つの関係が構成され、文の意味に奥行きが増すのです。

形容詞・形容動詞の連用形

情態副詞を考える場合、多くは擬音語・擬態語、いわゆるオノマトペになります。オノマトペの例は、本章の「2．オノマトペの特徴」でたくさん紹介します。

それ以外で有力なのは、形容詞・形容動詞の連用形です。これらは形容詞・形容動詞の活用形なので副詞に入れないという専門的な立場からの考え方は当然ありうるのですが、すでに述べたように、本書では実用的な観点から、これらも副詞に含めます。

形容詞の連用形は、「鋭く」「広く」のように「く」か、「優しく」「美しく」のように「しく」がつきます。

・プロのカメラマンがフランス料理を美しく撮った。
・小さい女の子が人形の髪を優しくなでている。
・新規開店に備え、アルバイターを広く募集する。
・飛んできたボールが目の前で鋭く曲がった。

また、形容動詞の連用形は「に」になります。「静かに」「鮮やかに」のような和語もありますが、次の「自由に」「上手に」のほか、「元気に」「熱心に」「慎重に」「貪欲《どんよく》に」のように、二字漢語＋「に」が多いのも形容動詞の特徴です。

・マグロが巨大な水槽を自由に泳ぎ回っている。
・苦手な上司と上手に付き合う方法が知りたい。

形容動詞といえば、古典の授業で学んだ形容動詞のナリ活用とタリ活用を憶《おぼ》えている人もいるでしょう。ナリ活用は今見てきた形容動詞ですが、タリ活用もまた現代語として目にするものがあります。「平然と」「整然と」「呆然《ぼうぜん》と」など、「然」がつく語形、「堂々と」「黙々と」「燦々《さんさん》と」のように繰り返しの語形がその代表です。つまり、タリ活用の形容動詞の語幹に「と」がつく形も情態副詞として使われています。

このように情態副詞は形容詞・形容動詞の連用形でも表せますが、動詞まで広げるのはさすがに難しそうです。動詞に接続助詞テのついた「急いで仕上げる」の「急いで」や「離れて座る」の「離れて」を、「至急」や「別々に」の意味で捉えると、副詞に見えてくることがあるかもしれませんし、「協力して作業した」の「協力して」や「緊張して立っていた」の「緊張して」を、「一緒に」や「固まって」の意味で解釈すると、やはり副詞に見えるかもしれません。

しかし、「急ぐ」「離れる」「協力する」「緊張する」という動詞の意味がはっきり残っており、副詞として次の動詞を修飾しているというよりも、二つの動詞が連続して並んでいると解釈するのが自然でしょう。ですので、本書では、接続助詞テのついた動詞までは副詞を拡大しないでおくことにします。

2．オノマトペの特徴

オノマトペの語源

さて、ここからは情態副詞の多くを占めるオノマトペについて見ていきます。

オノマトペ（onomatopoeia）は、「名前をつける」「言葉を作る」という意味の古代ギリシャ語の「オノマトポイーア」が語源で、それがフランス語を経て日本に入ってきたと考えられています。

日本語ではオノマトペは擬音語・擬態語を合わせた言葉ですが、英語の“onomatopoeia”は擬音語を表す言葉であり、擬態語は“mimetic words”と呼ばれ、区別されるのが一般的です。英語では、擬音語と擬態語を合わせて言う場合、“ideophones”や“imitative words”と呼ばれます。

言語には、オノマトペが発達している言語と発達していない言語があります。オノマトペが発達している言語としては、日本語、韓国語、ベトナム語が代表的です。「ワンワン」のような犬の声を自分の言語で表現できない、擬音語がない言語はほとんどないと思いますが、擬態語が発達していない言語は中国語をはじめとして少なくないので、とくにその差が大きいのだと思われます。

ここまでオノマトペを副詞として語ってきましたが、実際には多様な品詞として使われます。副詞だけでなく、形容詞（形容動詞）、動詞としてもよく使われ、名詞になることさえあります。次は「がらがら」の例です。

・閉店時間が来たので、シャッターをがらがら閉めた。（副詞）
・台風で欠航便が相次ぎ、カウンターががらがらだ。（形容動詞）
・空気が乾燥しているので、のどががらがらする。（動詞）
・赤ちゃんの手の届くところに、がらがらをつるす。（名詞）

ただ、たとえば、わんこそばの「はい、じゃんじゃん。はい、どんどん。」といったかけ声の品詞は何かなど、品詞の議論を始めると収拾がつかなくなるので、そこにはこだわらずに考えることにしましょう。

オノマトペの音象徴性

オノマトペは最近注目されている言葉ですが、その特殊性がよく話題となります。一般的な言葉とどこが違うのでしょうか。

一般的な言葉は、音と意味に必然的な対応関係はありません。ネコと言われたら、ニャアと鳴く、自由でマイペースな動物をイメージしますが、ネコという音とネコという動物の対応関係はたまたまであって、日本語を話す人が共通して理解できるのであれば、ネコという名前のかわりにイヌという名前でもよいわけです。

ところが、オノマトペの場合はそうはいきません。小さい子どもが「ニャアニャアがいる」と言えば、それはネコを指し、「ワンワンがいる」と言えば、それはイヌを指し、それが逆になることはありません。なぜなら、「ニャアニャア」「ワンワン」という名前は動物の鳴き声と結びついているからです。音と意味のあいだに必然的な結びつきがある。それが擬音語の特徴です。

では、擬態語ではどうでしょうか。擬音語ほどは音と意味のあいだに必然的な結びつきがあるわけではありませんが、それでもイメージは明確に結びついています。

たとえば、「はらはら」「ぱらぱら」「ばらばら」を比較してみましょう。上から降ってきそうなものとして何が考えられますか。「はらはら」は雪、「ぱらぱら」は雨、「ばらばら」はあられではないでしょうか。

・雪がはらはら降ってきた。
・雨がぱらぱら降ってきた。
・あられがばらばら降ってきた。

雪は「風花《かざはな》」と呼ばれるように、舞い落ちるイメージがあります。ほかに「はらはら」と舞い落ちてきそうなのは桜の花びらでしょうか。雨は降りはじめは「ぱらぱら」と雨粒が落ちてきて、激しくなると「ざーざー」となります。あられは小さい粒なら「ぱらぱら」かもしれませんが、大きい粒は「ばらばら」がふさわしいでしょう。もし空から小判が降ってきても（残念ながら見たことはありませんが）「ばらばら」となりそうです。

このように、粒さえ感じられないものは「はらはら」、小さい粒は「ぱらぱら」、大きい粒は「ばらばら」という印象と対応します。

皮膚の痛みを表す「ひりひり」「ぴりぴり」「びりびり」はどうでしょうか。もっとも表層的で細かな感覚は「ひりひり」、ネコの爪のような鋭いもので引っかかれると「ぴりぴり」でしょうか。もっとも奥まで届く激しい痛みは「びりびり」で、スタンガンなどで感電したときのしびれるような痛みです。「ひりひり」「ぴりぴり」「びりびり」も痛みの激しさで異なり、この順で痛みが増してきます。

震《ふる》えを表す「ふるふる」「ぷるぷる」「ぶるぶる」も考えてみましょう。「ふるふる」はもっとも小刻みに揺れる震えで、皿のうえのプリンが細かく振動しているときに使えます。「ぷるぷる」は小動物が震える様子などがイメージされます。ハムスターのほっぺやインコの尾っぽは「ぷるぷる」しそうです。「ぶるぶる」は震えがもっとも大きそうで、大きな動物が寒さで震えていたり、小さな動物でも命の危険にさらされて激しく震えているときには「ぶるぶる」になります。「ふるふる」「ぷるぷる」「ぶるぶる」も震えの激しさで異なり、この順で震えが大きくなります。

食べ物をこぼす様子を表す「ほろほろ」「ぽろぽろ」「ぼろぼろ」も同じ傾向が見られそう

です。「ほろほろ」であれば実際に食べ物がこぼれることはなく、皿のうえで、あるいは口のなかで抵抗感なく崩れていく様子を表しそうです。一方、「ぽろぽろ」「ぼろぼろ」は、いずれも食事をしている幼い子が食べ物をこぼす様子を表しますが、「ぽろぽろ」よりも「ぼろぼろ」のほうがこぼす様子の激しさが伝わります。

これらはハ行の子音の一例ですが、清音のハ行であれば程度や大きさが小さく、半濁音《はんだくおん》のパ行であれば中間で、濁音のバ行であれば大きいことがわかります。音と意味に一定の対応関係があるわけです。これがオノマトペの特殊性であり、専門的には音象徴《おんしょうちょう》（sound symbolism）と呼ばれます。

オノマトペのイメージ喚起力

音と意味のあいだに結びつきがあるという音象徴性は、オノマトペのイメージ喚起力と結びついています。漢字も文字と意味のあいだに結びつきがあり、見て意味がイメージできるという表意性（専門的には表語性といいます）がありますが、オノマトペにもそうした性格があります。

オノマトペは擬音語・擬態語の言い換えとして使われていますが、じつはそれほど単純なものではありません。浅野編（一九七八）に収められている金田一春彦の解説「擬音語・擬態語概説」によれば、オノマトペは、「擬音語」「擬声語」「擬態語」「擬容語」「擬情語」の五つに分けられます。

たしかに「擬音語」以外に「擬声語」という言い方もあります。「擬音語」は虫の羽音の「ブーン」や爆竹の破裂する「パーン」のような自然界の音を指し、「擬声語」は赤ちゃんの声の「バブー」や鶏の鳴き声の「コケコッコー」などの人や動物の声を指します。声も音の一部ですので、広い意味での「擬音語」は「擬声語」も含むのですが、「擬音語」を狭く捉え、「擬声語」と区別する方法もあるわけです。

一方、広い意味での「擬態語」は三分類されています。狭い意味での「擬態語」は「ぴかぴか」「めらめら」のような自然界のものの様子、「擬容語」は「ふらふら」「ぐんぐん」などの生き物の様子、「擬情語」は「いらいら」「うっとり」など人の心理や感覚などの内面を描写するものです。

もちろん、この五つの分類は便宜上のもので、複数の分類にまたがるものも珍しくありませんが、知っておいて損のない分類です。

オノマトペがとくに優れているのは状況のイメージ喚起力です。オノマトペは種類が豊富なので、どこで何が起きていたのか、あるいは、誰がどこで何をしていたのかといった状況がある程度特定できることが少なくありません。そのため、現場の状況を感覚的に描く描写に向いた表現であるといえます。

「ピンポーン」。この言葉を見て、何をイメージするでしょうか。「誰か来たのかな？」と思った人は、玄関のインターホンを押した音をイメージしたのでしょうし、「正解！」と思った人は、テレビのクイズ番組をイメージしたのかもしれません。いずれにしても、「ピンポーン」一つで、その場の状況が鮮明に目に浮かびます。

次のオノマトペを見て何が思い浮かびますか。ヒントは、いずれも夏に関係あるものです。

・ヒュルヒュルヒュル、ドーン、パラパラパラ
・ドボーン、バチャバチャ、スーイスイ

すぐにわかったことでしょう。「ヒュルヒュルヒュル」「ドーン」「パラパラパラ」は打ち上げ花火、「ドボーン」「バチャバチャ」「スーイスイ」はプールでの水泳です。

幼児語としてのオノマトペ

このようなイメージ喚起力は、幼い子どもが言葉を覚えるのに役立ちます。オノマトペの音象徴性を利用すれば、音を手がかりにして、その言葉が何を指しているのかを探しやすくなるからです（Imai & Kita 2014）。そのため、まわりにいる大人は幼い子どもにオノマトペで話しかける傾向があります。結果として幼い子どものオノマトペ習得が進んでいくわけです。

オノマトペは幼児語・育児語としてよく使われます。くすぐるのは「こちょこちょ」、拍手は「パチパチ」、のりで貼るのは「ぺたぺた」、うがいは「ガラガラペッ」と、子ども向けに表現できます。そのせいか、オノマトペは子どもっぽい言葉だと受け取られがちです。

たしかに、状況をそのまま写しとってくるオノマトペは単純であり、深みがないように見えるかもしれません。しかし、日本語にオノマトペがなければ、感性的な表現力は大きく損なわれてしまうでしょう。

続く「3．オノマトペの表現効果」では、日本語のオノマトペを支える表現力の源泉を見ていくことにします。

3．オノマトペの表現効果

感覚的に伝える効果——料理、スポーツ、医療

オノマトペはジャンルによる使用の偏りがあり、ジャンルごとに特徴的なオノマトペが使われます。それによってジャンルにふさわしい表現効果を上げるわけです。

ここでは、オノマトペの表現効果を「感覚的に伝える効果」「臨場感を高める効果」「行動を促す効果」「人目を惹《ひ》く効果」「気持ちを伝える効果」の五つに分け、ジャンル別のオノマトペの使い方について検討します。

まずは「感覚的に伝える効果」から見てみることにしましょう。「感覚的に伝える効果」を発揮しやすいのは、料理、スポーツ、病気のオノマトペです。

料理のおいしさを伝えるとき、どのように表現したらよいでしょうか。ためしに、コロナ禍以降、単調になった生活に彩りを添えるために、生活の一コマを言葉にしてみましょう。

朝ふかふかの布団のなかで目覚めると、ホームベーカリーから立ちのぼる香ばしい香りが漂ってくる。その香りを頼りに起きあがり、淹《い》れたてのコーヒーと一緒に焼きたてのパンをほおばる。外がサクッ、中がフワフワの食感のコントラストがたまらない。パンのうえに載せたバターがトロ〜リと溶けて、心までとろけてしまいそう。パンは、豪州クイーンズランド州の有機プライムハードの小麦粉と白神こだま酵母の組み合わせ。素材にこだわった日豪国際協力の成果を、じんわり噛みしめる幸せ。朝のこんがりトーストから、こんな幸せな一日が始まるのだ。

本当は、単調で地味な一日の始まりなのですが、こんなふうに表現すると、自分の生活がなんて贅沢《ぜいたく》なんだと実感することができます。言葉を変えるだけで、私たちの現実認識まで変えることができる。言葉って、ありがたいものだと感じます。

また、特定の食材や料理とオノマトペが結びついていることが多く、オノマトペを使えばどのような食材や料理か、具体的にイメージできるという強みがあります（渡辺・中村二〇一五）。左ページの上の図の左の列のオノマトペを、右の列の食材・料理と線で結んでください。

オノマトペからイメージされる食材や料理（問題）

「左のオノマトペを、右の食材・料理と線で結んでください」

さっぱり・	・シフォンケーキ
サクサク・	・チャーハン
シャキシャキ・	・オクラ
ふわふわ・	・肉まん
ほかほか・	・クッキー
パラパラ・	・砂肝
ネバネバ・	・ピクルス
コリコリ・	・水菜

簡単だったでしょうか。正解は次のページに示すとおりです。

こうしたオノマトペの食材や料理と結びつく力は、旬の季節感を表すのにも有効で、タケノコや山菜のような春の味覚は「シャキシャキ」、氷を中心とした夏のデザートは「シャリシャリ」、サツマイモや栗など秋の味覚は「ほくほく」、冬の鍋は「コトコト」などで表されます。

スポーツオノマトペも近年注目を集めているオノマトペです（藤野二〇〇八）。得点を取ったときに選手が大声で叫ぶのは、テニス、バドミントン、卓球といったラケットを使ったスポーツに多い印象があります。たとえば、卓球の張本智和《はりもとともかず》選手の「チョレイ」はよく知

オノマトペからイメージされる食材や料理（答え）

「左のオノマトペを、右の食材・料理と線で結んでください」

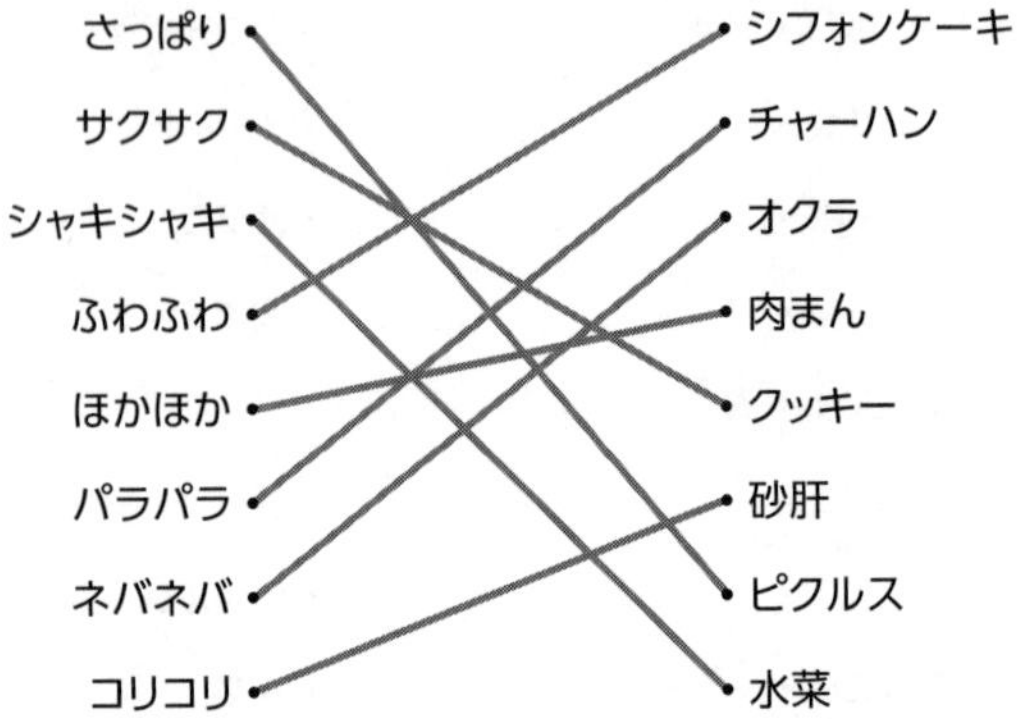

られています。また、チームとしての一体感を出すために声を出す野球やバレーボールのようなスポーツもあるでしょう。パ・リーグの山川穂高《ほたか》選手のホームラン後のパフォーマンス「どすこい」は、スタンドも一体となり、球場の熱気を高める効果があるでしょう。

スポーツオノマトペは、指導のさいに感覚を伝えるときにも有効です。陸上競技でアスリートに身体感覚を的確に伝えるのによく使われます。

次は野球の例で、阪神タイガースの岡田彰《あき》布《のぶ》監督が解説者だったころ、佐藤輝明《てるあき》選手との対談でホームランの打ち方をオノマトペで伝えようとしている場面です。キーワードは「ボヨーン」です。

岡田「バッティングはタイミングだけやから。タイミングさえ合えば、ボール球を見逃せるし、いいスイングができる。だから、みんな素振りが一番いいスイングやもんな。いざ、ボールが来た時にそのスイングができるかやな」

佐藤輝「素振りはイメージ作りでやったりはしますね。その意識でバッターボックスに行けばいいということなんですかね？」

岡田「そうやな。もっと、ボヨーンって打ったらええんちゃうかな。ボールをつぶしにいかないでな」

佐藤輝「ボヨーンですか。もっと、ゆったり打つということですか？」

岡田「ホームランを打てるバッターは、バットにボールを乗せないとあかん。バットにボールを乗せるから、高く放物線を描くわけよ。ヒットを打つ打者は当てに行くけど。佐藤はホームランを打てるんやから、もうちょっとボヨーンという大きいフォロースイングを取って打ったらええと思うよ。コンパクトにパーンと打とうとするから、あんまりタイミングが合わへんのちゃうかな」

——ボヨーンのイメージは持っていたか。

佐藤輝「なんというか無駄な力を入れないというか、ボワーンというイメージというのはありますが…」

岡田「佐藤はスピンをかけるような打ち方じゃないからな。俺は背も高くないし、ボールにある程度スピンをかけないと飛ばへんという感覚があったけど。佐藤のようなバッターなら、スピンかける必要はないわ。ボヨーンって打ったら飛ぶもん。俺らがボヨーンって打ったら飛ばん。佐藤はボヨーンというような感覚で打てれば、あんまり強く振りすぎなくなる可能性もあるよ」

（続けて）「力をためといてボヨーンと打った方が（フォロースルーで）前も大きくなるし、そんなに力が入っているかどうか分からんぐらいでも、強く振った時と同じぐらい飛ぶと思うよ。それはコツやろうな。自分でつかまんと。ゲームの中でもつかまれへん。フリーバッティングやな。110キロぐらいの打撃投手の球でボヨーンと打って運んだら結構いく。そういうのを練習の中で、自分でつかんだらええと思うよ。やっぱり最終的には自分よ。自分でつかむんよ。つかむ時は来るから」

佐藤輝「自分次第なんですね!!」

(https://www.daily.co.jp/tigers/2022/02/10/0015050673.shtml)

料理、スポーツに続けて、病院で使われる医療のオノマトペを考えてみましょう。

医者は熱を測ったり聴診器を当てたりして、外側から患者さんの症状を知りますが、それだけでは病気の診断は困難です。診察の基本は患者が訴える病状であり、身体の内側で起きていることは患者自身しか知りえません。そのため、患者は自覚症状を言葉で的確に伝える必要があります。そのさい、オノマトペが力を発揮し、診断の重要な判断材料となります。

・頭がひどく痛いんです。

ではは症状は伝わりにくいのですが、

・頭が｛がんがん／ずきずき／じんじん／ドクドク／カーッと｝するんです。

のように、頭がどう痛いのか、オノマトペを使って説明すれば、診断のヒントになります。

また、胃の痛みの場合であれば、使うオノマトペを変えて、

・胃が｛むかむか／きりきり／しくしく／キューッと｝するんです。

などと表現すれば、病状がうまく伝わりそうです。そうすれば、医者は、患者のオノマトペの選択を手がかりに症状をより適切に判断できます。その意味で、オノマトペは病気の診断に欠かせない、ときには命に関わる表現なのです。

臨場感を高める効果——会話が盛りあがり、読みが深まる

「臨場感を高める効果」はオノマトペの高い描写力を活用してリアルな状況を想像させ、話を盛りあげる効果です。「玄関の扉を開けたら、上から何かが落ちてきた」という説明に一つオノマトペを加え、「ボトッと落ちてきた」にするだけでリアリティが生まれ、何が落ちてきたんだろうという聞き手の意識が強まり、「キャー、ヤモリ！」のような文脈につながりやすくなります。いわゆる話上手な人は、オノマトペを使って会話を盛りあげることに長《た》けています。

オノマトペは会話だけでなく、小説や童話のような書き言葉にも出てきます。次の例は、

国語の教科書にもよく取り上げられる新美南吉の作品『ごんぎつね』（光村図書『国語四下はばたき』）の終わりの場面です。

兵十《ひょうじゅう》は立ち上がって、なやにかけてある火なわじゅうを取って、火薬をつめました。そして、足音をしのばせて近よって、今、戸口を出ようとするごんを、ドンとうちました。ごんは、ばたりとたおれました。

兵十はかけよってきました。うちの中を見ると、土間にくりが、固めて置いてあるのが、目につきました。

「おや。」と兵十は、びっくりしてごんに目を落としました。

「ごん、おまいだったのか。いつも、くりをくれたのは。」

ごんは、ぐったりと目をつぶったまま、うなずきました。

兵十は火なわじゅうをばたりと、取り落としました。青いけむりが、まだつつ口から細く出ていました。

「ドン」「ばたり」「ぐったり」「ばたり」といったオノマトペの流れに注目してください。

こうしたオノマトペには、その場の臨場感をリアルに伝える働きがあります。オノマトペがなくても意味は通じますが、その場の状況を単に説明するだけで、臨場感は半減するでしょう。「ドン」「ばたり」「ぐったり」「ばたり」といったオノマトペがあることで、読み手の目がそこに止まり、読み手の読みが深まりをみせるのです。

行動を促す効果――「しっかり」「きっちり」「どんどん」

オノマトペは基本的には事象の描写を行うときに力を発揮する表現ですが、ビジネスの世界ではやや異なります。小説や漫画などで使われるオノマトペは出来事を描く描写型のオノマトペですが、ビジネス文書で使われるオノマトペは遂行型のオノマトペであり、業務に携わる人の行動を描くもので、社内メールや発注文書などで指示を出したり、自らの対応を示すときによく使われる「行動を促す効果」を持つオノマトペです（赫《カク》二〇二〇）。

たとえば、人にたいする指示を出す次のような文はどうでしょうか。

・知識が乏しい読者でも理解できるよう、読者に必要な情報を調べてからご執筆ください。

これでも指示としての役割は果たすでしょうが、読み手の心に十分に届くものにするには、オノマトペを加えるとよいでしょう。

・知識が乏しい読者でもしっかり理解できるよう、読者に必要な情報をきちんと調べてからご執筆ください。

また、こうした表現は相手の行動にばかり使われるわけではありません。自分の仕事の信頼性を高めるのにも使えます。

・PCの面倒なトラブルを解決できるよう、初心者の方でもサポートさせていただきます。

しかし、これだけでは読み手の信頼感を十分には勝ち取れないかもしれません。ここでもオノマトペがほしいところです。

・ＰＣの面倒なトラブルをすっきり解決できるよう、初心者の方でもきっちりサポートさせていただきます。

このように、ビジネス文書では「しっかり」「きちんと」「すっきり」「きっちり」などが使えます。そのほか、「はっきり」「どんどん」「どしどし」「すらすら」「じっくり」「こつこつ」など、業務遂行の様子を表すオノマトペも使われます。

世界的に活躍した元ＭＬＢプレーヤーのイチローが、最近、高校野球の指導で力を発揮しています。イチローは二〇二〇年一二月、高校野球の名門、智辯《ちべん》学園和歌山高校を訪れ、三日間にわたる指導をみっちり行いました。そして、別れぎわに高校球児にたいして、

「ちゃんとやってよ。
ずっと僕見てるから。ちゃんとやってよ。ありがとう。」

と言ったのです。

その後、ＴＢＳのインタビュアーがイチローにたいしてインタビューを試みます。

インタビュアー「その子たちに『ちゃんとやってね』って、『ちゃんと』っていうのは、どんな思いを込めたんですか。」

イチロー「いやいや、『ちゃんとやってね』なんて言ってないですよ、『ちゃんとやってよ』って。そう、それもね、結局、あれも、時間、三日間ないとできないんですよ。あれ、一日目に出てこないですよ、『ちゃんとやってよ』って。

一日で終わってたら、まあ、できるだけそこに最後詰めこんで、堅〜い挨拶して、じゃあがんばってねって、それで終わりですよ。この一言で、あの時間が思い出せるっていうワードなんですよ、『ちゃんとやってよ』って。

見たら、もし何かで、じゃあ、それこそＴシャツ作りました、『ちゃんとやってよＴシャツ』『ちゃんとやってよＴシャツ』作ったら、思い出すじゃないですか。それが、長ったらしい文章で、一《いち》に何《なに》とか、いや、そういう話じゃないから。あの一言で、あの三日間が思い出せるんですよ。そういう言葉です。」

(https://www.youtube.com/watch?v=XLD_Aq9Q47c)

この「ちゃんとやってよ」という言葉に触発された智辯学園和歌山高校の高校球児は翌年、夏の甲子園にて見事に全国制覇を成し遂げます。興味のおありの方は、ぜひこのＹｏｕＴｕｂｅの動画をご覧ください。

イチローは「ちゃんとやってね」とは言っていません。「ちゃんとやってよ」と言っています。しかも、そのイントネーションを聞けば、ちゃんとやっていない人にたいする「ちゃんとやってよ」のイントネーションではなく、すでにちゃんとやっている人にたいして質の高い継続を促す「ちゃんとやってよ」というイントネーションになっていることに気づくでしょう。このオノマトペ「ちゃんと」一つに、甲子園の全国制覇を可能にする強い力が宿っているのです。

人目を惹く効果——番組名、商品名

オノマトペには「人目を惹く効果」もあります。

たとえば、料理レシピサイトのクックパッドでは、「オノマトペ検索」がはやっているそうで、「ふわふわ」「もちもち」「サクサク」「シャキシャキ」「ぷりぷり」「とろ〜り」などがよく取り上げられます。これらのオノマトペは読者の目を捉え、「おいしそう！」と感じさせる力があります。オノマトペの「感覚的に伝える効果」を「人目を惹く効果」に展開した例です。

テレビ番組も視聴率が重要ですので、人目を惹きつけるように番組名にオノマトペが使われる例が目立ちます。日本テレビ系では平日朝の『スッキリ』（二〇二三年三月終了）、ＴＢＳ系では日曜朝の『がっちりマンデー!!』、テレビ東京系では朝の乳幼児向け番組『シナぷしゅ』にオノマトペが使われています。フジテレビ系では昼のバラエティ『ぽかぽか』、テレビ朝日系では夜のバラエティ『ポツンと一軒家』がオノマトペを使った番組タイトルです。ＮＨＫですと、Ｅテレでは『いないいないばあっ！』『パッコロリン』『ゴー！ゴー！キッチン戦隊クックルン』『趣味どきっ！』などとかなり多くの番組が並び、ＮＨＫの総合へ行くと「ボーっと生きてんじゃねーよ！」と五歳児に叱られます。

また、人目を惹くという意味での典型は商品名です。スーパーに行くと、オノマトペがあふれていることに気づくでしょう。ツムラの浴室用洗剤「バスピカ」、花王の食器用洗剤「キュキュット」、アイリスオーヤマのカイロ「ぽかぽか家族」、三菱鉛筆のシャープペンシル「クルトガ」などが目につきます。

とくにお菓子の商品名に多いのが特徴で、お菓子売り場に行くと、まず「ポッキー」が目に入ります。「ポッキー」はオノマトペで、その名前は〝ポッキン〟の響きに由来すると江崎グリコのウェブページに書かれています。同じ江崎グリコのお菓子では、「プッチンプリン」や「ジャイアントカプリコ」もオノマトペ由来です。

ほかの会社も負けてはいません。ビスケットの「パックンチョ」とスナックの「おっとっと」は森永製菓、「ポテトチップスギザギザ」はカルビー、せんべいの「ぽたぽた焼」は亀田製菓です。アイスも豊富で、「ガリガリ君」の赤城乳業、「とろ〜りれん乳三昧」のロッテ、「チョコバッキー」のシャトレーゼと、お菓子売り場には、たくさんのオノマトペが所狭しと並んでいます。

これらの商品を食べたことがない人でも、オノマトペを使った商品名は何となく頭に入ってしまっているのではないでしょうか。どんなお菓子かも、食べたことがない人であっても、オノマトペの力を借りれば容易に想像ができます。オノマトペの破壊力ははかりしれません。

気持ちを伝える効果――漫画、歌詞

オノマトペが持つ表現効果の五つ目として最後に取りあげたいのが、「気持ちを伝える効果」です。

・イヌがとぼとぼ夜道を歩いている。

「とぼとぼ」があるだけで、イヌが一匹で歩いているという事実だけでなく、イヌが寂しそうであるという気持ちが伝わります。

・このあたりはめっきり人の姿を見なくなりました。

ここでも「めっきり」があるだけで、過疎化によって環境が大きく変わったという事実だけでなく、一帯が寂《さび》れてしまったという気持ちがこもります。

・すっかり寒くなりましたが、お身体お大切に、どうぞよいお年をお迎えください。

年末によく目にする定型文ですが、「すっかり」というオノマトペが一つあるだけで寒さに実感がこもり、定型文特有の冷たさが解消されています。

「気持ちを伝える効果」は漫画でも力を発揮します。漫画にオノマトペが多いのは周知の事実でしょう。アニメのような動画でないと出せない音や動きを、静止画である漫画ではオノマトペに託しているからです。

たとえば、羽海野《うみの》チカ『3月のライオン』（第五巻、白泉社）では、次のようなオノマトペが使われています。『3月のライオン』自体は将棋がテーマの漫画なのですが、この場面は、主人公の少年が世話になっている和菓子屋を営む川本家のなかでの新商品開発の場面であり、和菓子職人の川本相米二《そめじ》が孫娘の川本ひなたのアイデアを採り入れて、新作和菓子を作りあげたところです。

「ふっくり」「もちもち」の雪だるまの形の大福が完成し、ひなたは「わぁ可愛い」、末娘のモモは「だるまさんいたー」と言う長女のあかりの横で「ほわー」とし、ネコは「ニャー」と鳴き、相米二は「ふ――っっ」と一息つき、「さすがオレ」と自画自賛しています。

この場面では、その場の臨場感だけでなく、その場にいる登場人物の気持ちも、オノマトぺの使用に表れています。

　オノマトペに気持ちがこもるのは漫画だけではありません。カラオケで思わず感情移入してしまう歌謡曲の歌詞にもオノマトペは頻出します。第2章でも見た、歌詞検索サービスの『歌ネット（Uta-Net）』を、ここでも使って調べてみましょう。オノマトペは、三上（二〇〇七）に示されている「基本オノマトペ原案」の八七語に、私自身がJ－POPの歌詞のオノマトペについて書いたときに取りだしたオノマトペ（石黒二〇一八）を加えた計九八語を対象にしました。オノマトペの抽出の仕方は第2章を参照してください。

羽海野チカ『3月のライオン』（白泉社）のオノマトペ（第5巻、p35）

　J－POPの歌詞で、どんなオノマトペが多く使われているか、考えてみてください。もっとも多く出てくるオノマトペはいったい何でしょうか。

　栄《は》えある第一位は「そっと」です。これを当てられた方はほとんどいないのではないでしょうか。第二位の「ちゃんと」と並んで、意外な結果と言えそうです。

とはいえ、「そっと」は第2章でも見た小田和正の『たしかなこと』にも「自分のこと大切にして　誰かのこと　そっと想うみたいに」として出てきます。

「そっと」は密《ひそ》かな思いにも使えます。安全地帯『ワインレッドの心』（作詞／井上陽水、一九八三年）にも「もっと勝手に恋したり　もっとＫｉｓｓを楽しんだり　忘れそうな想い出を　そっと抱いているより　忘れてしまえば」と、そうした「そっと」が見られます。

一方で「そっと」は、恋愛における相手にたいする優しい所作を表すのによく用いられます。あいみょんの『マリーゴールド』（作詞／あいみょん、二〇一八年）にはこんな「そっと」が出てきます。

「もう離れないで」と
泣きそうな目で見つめる君を
雲のような優しさでそっとぎゅっと
抱きしめて　抱きしめて　離さない

日本語の歌詞のオノマトペランキング
（『歌ネット（Uta-Net)』による）

順位	副詞	推計数
1	そっと	24,947
2	ちゃんと	7,982
3	きらきら	7,157
4	どきどき	6,755
5	ふと	6,477
6	ゆっくり	5,999
7	そろそろ	4,026
8	わくわく	2,922
9	じっと	2,749
10	どんどん	2,291
11	ぎりぎり	2,228
12	ぼんやり	2,130
13	ぐるぐる	2,085
14	しっかり	2,082
15	ふわふわ	1,900
16	ぐっと	1,769
17	くるくる	1,380
18	ばらばら	1,354
19	はらはら	1,316
20	はっきり	1,311
21	こっそり	1,279
22	ふらふら	1,204
23	うんざり	1,184
24	ぱっと	1,162
25	いらいら	1,035
26	びっくり	926
27	めちゃくちゃ	915
28	ぴかぴか	908
29	のんびり	883
30	すっかり	876

DREAMS COME TRUEの『やさしいキスをして』（作詞／吉田美和、二〇〇四年）の「そっと髪を撫《な》でて　肩を抱いて　そばにいるね　あなたが眠るまで　やさしいキスをして」というフレーズの「そっと」も同じタイプでしょう。「そっと」は優しさの代名詞でもあります。

第二位の「ちゃんと」は、願望を表すときに使う傾向があります。自分への願望では、大切なあなたと一緒に幸せになることを望みつつ「ちゃんと抱きしめたい　ちゃんと手を添えたい」と願いを語るいきものがかりの『あなた』（作詞／水野良樹、二〇一五年）、離れ離れになるあなたに「ちゃんと好きと言えばよかった」と後悔を漏らすAKB48『好きと言えば良かった』（作詞／秋元康、二〇一三年）がすぐに浮かびます。

一方、相手への願望では、好きな人に求める願望が目立ち、平松愛理『部屋とYシャツと私』（作詞／平松愛理、一九九三年）では「大事に思うならば　ちゃんと聞いてほしい」と語りかけ、西野カナ『トリセツ』（作詞／Kana Nishino、二〇一五年）では「ちゃんと見ていて。」と呼びかけます。

「ちゃんと」には心に残るフレーズも多く、アメリカ同時多発テロ事件を背景に、「果てない夢がちゃんと終わりますように　君と好きな人が百年続きますように」と平和への願いを綴った一青窈《ひととよう》『ハナミズキ』（作詞／一青窈、二〇〇四年）、離れて暮らす親を思い起こし、「愛されている事に　ちゃんと気付いている事　いつか歌にしよう」と感謝の思いを綴ったback number『手紙』（作詞／清水依与吏《いより》、二〇一五年）で「ちゃんと」が力を発揮しています。

第三位の「きらきら」と第四位の「どきどき」は、恋愛の心のときめきを表すものとしては定番です。第八位の「わくわく」や第一〇位の「どんどん」も含めて、若さと恋愛のオノマトペといえるでしょう。

第五位の「ふと」も印象的な歌詞が多い印象です。レミオロメン『3月9日』（作詞／藤巻亮太、二〇〇四年）は「流れる季節の真ん中で　ふと日の長さを感じます」から、ZARD『負けないで』（作詞／坂井泉水、一九九三年）は「ふとした瞬間に　視線がぶつかる　幸福《しあわせ》のときめき　覚えているでしょ」から始まります。徳永英明の『レイニー ブルー』（作詞／大木誠、一九八六年）では、「ふと指を　止める」「ふと足を止める」「ふと瞳をふせる」と「ふと」が繰り返され、サビの「私も今日は　そっと雨」という「そっと」に流れこんでいきます。

「ふと」という意識しない何気ない瞬間に突然頭をよぎること。それが、その人の心を支配しているのかもしれません。

オノマトペの表現効果を「感覚的に伝える効果」「臨場感を高める効果」「行動を促す効果」「人目を惹く効果」「気持ちを伝える効果」の五つに分けて見てきました。音と意味が結び合うオノマトペには言葉の力が宿る。そのことを実感していただけたかと思います。

第4章

程度副詞

――「超気持ちいい！」

1.「程度の副詞」の実態

「とても」はよく使われるのか

副詞の二つ目の柱は程度副詞です。程度副詞には「程度の副詞」「数量の副詞」「時間の副詞」があります。まずはもっとも程度副詞らしい「程度の副詞」から検討を始めることにしましょう。

「程度の副詞」の典型といえば「とても」でしょう。英語で「very」が出てきたら「とても」と訳す約束になっています。しかし、「とても」はそれほどたくさん使われているのでしょうか。第2章で見た『日本語日常会話コーパス』を見ると、「とても」はさほど多く使われてはいないことがわかります。

程度の甚《はなは》だしさを表す副詞の典型は「けっこう」です。多くの研究では程度副詞と分類されています（田和二〇一一）。本書では「けっこう」の持つ「思った以上に」というニュアンスを重視して検討副詞の「認定の副詞」に分類していますが（第6章参照）、「思った以上に」という色のついた程度副詞と見ることはできるでしょう。

「けっこう」は日常会話の副詞ランキングの九位であり、一〇〇万語あたりの語数を表すＰＭＷは一〇〇〇です。次に多いのが「めっちゃ」です。『日本語日常会話コーパス』では「めちゃ」と表記されており、副詞ランキングは二一位、ＰＭＷは三一〇です。その次は「だいぶ」で、副詞ランキングは四二位、ＰＭＷは一〇一です。さらに、副詞ランキング五〇位の「かなり」、同五九位の「ずいぶん」、同六四位の「めちゃくちゃ」が続き、ＰＭＷはそれぞれ六七、五一、四六です。そのあとにようやく「とても」が出てくるのですが、副詞ランキングは六八位、ＰＭＷは四三となっています。

品詞が副詞ではないために、単純な比較はできないのですが、形容詞の連用形として「すごくおいしい」の形で、あるいは形容詞の終止形のままで副詞化する「すごいおいしい」の「すごく」「すごい」を含む形容詞「すごい」が、ＰＭＷは驚異の二七四四、形状詞（形容動詞の語幹）として分類されている「まじ」のＰＭＷは二四九です。おそらくは「すごく」「けっこう」「めっちゃ」「まじ」の四つが「程度の副詞」としてよく使われるもので、「とても」はあまり使われないと思っておいて間違いないでしょう。

・今やっている英語教材、すごく簡単で、すごく親しみやすくて、中学英語ぐらいのレベルですごく勉強しやすいんで、すっかりハマってます。

この「すごく」が「めっちゃ」「まじ」に置き換わっても自然です。「とても」に置き換わっても不自然ということはないのですが、実際にはあまり使われないことが予想されます。なぜでしょうか。

おそらくは、「すごく」「すごい」「めっちゃ」がどんな文脈でも程度の強調ができるのにたいし、「とても」はポジティブなニュアンスのものでないと程度の強調がしにくいということがあるのでしょう。

・このラーメン、｛すごく／めっちゃ／とても｝まずくて、食えたもんじゃない。

「すごく」「すごい」は漢字にすると「凄く」「凄い」であり、俗語的でネガティブなニュアンスがやや残っています。「めっちゃ」ももとは西日本の方言だと思われますが、「めちゃめちゃ」「めちゃくちゃ」を短くしたものであり、やはりネガティブなニュアンスがあります。程度副詞はもともと否定的な言葉に由来するものが多く、多様な意味の形容詞を広く修飾することができます。

「とても」も、「とても〜できない」のように不可能の文末と呼応はするのですが、現在では程度副詞としての「とても」自体には否定的なニュアンスが失われてしまっているため、かえって使いにくくなっていると思われます。

外国人にどんな「程度の副詞」を教えるか

こうしたことは、外国人に日本語を教える日本語教育にとって大事な情報です。日本語の会話を練習するときに、程度の強調として「とても」を教えると、日本語らしさが失われるからです。

日本語を学習している外国人が話したデータが収められている『多言語母語の日本語学習者コーパス』（I－JAS）において、外国人の日本語と日本人の日本語を比較すると、面白いことがわかります。外国人には一二の異なる言語を母語とする学習者が一〇〇〇名、日本人には日本語の母語話者五〇名が含まれているのですが、対話のなかで学習者が「とても」を使った数は四二〇〇であるのにたいし、日本人が「とても」を使った数はわずか三六、学習者の人数に合わせて二〇倍しても七二〇に留まり、日本人は学習者の五分の一も「とても」を使ってはいません。

一方、対話のなかで学習者が「けっこう」を使った数は一〇一二に留まるのにたいし、日本人が「けっこう」を使った数は四二七、学習者の人数に合わせて二〇倍すると八五四〇となり、日本人は学習者の八倍以上、「けっこう」を使っていることがわかるのです。

ただ、難しいのは、このデータだけでは日本人が「とても」を使わないと即断はできないという事実です。すでに見た『現代日本語書き言葉均衡コーパス』のなかでもっとも頻度が高い「程度の副詞」は「とても」ですし、対話（ダイアローグ）である『日本語日常会話コーパス』ではなく、独話（モノローグ）である『日本語話し言葉コーパス』（ＣＳＪ）を見ても、「とても」はよく使われています。『日本語話し言葉コーパス』収録の講演を用いた研究である日暮《ひぐれ》（二〇二三）によれば、講演でもっとも好まれる「程度の副詞」は「すごく」「非常に」であるものの、「とても」もその半数ほど用いられているといいます。あらたまった場面では「非常に」がよく使われ、比較的くだけた場面では「すごく」「とても」が好まれる傾向が見られるのですが、若い世代が「すごく」を極端に多用する傾向があるのにたいし、「とても」は世代を超えて安定して使われています。そうした意味では、日本語の教科書が「とても」を「程度の副詞」の代表として取り扱うのは、けっして間違ってはいないとも言えるのです。

このように、私たちがふだんどのように話しているのかは、自分たちの話している言葉を記録してデータ化し、実際に数えてみないとわかりません。私たちの外見でも、自分が見せたいと思っている姿と、実際に周囲に見られている姿とに大きなズレがあることはよくありますが、それが言葉でも当てはまることを知っておく必要があるでしょう。

2.「数量の副詞」のあいまいさ

「数量の副詞」の選び方

次に考えたいのが「数量の副詞」です。「程度の副詞」が形容詞と相性がよいのにたいし、「数量の副詞」は動詞と相性がよいのが特徴です。とくに、存在動詞の「ある」「いる」との

相性がよく、

・最近では、公共の図書館にも漫画がたくさんある。

とも言えますし、「漫画」という名詞のまえに置いて、

・最近では、公共の図書館にもたくさんの漫画がある。

のように表現することもできます。

数量表現は日本語には豊富にそろっていますので、どれを選ぶかでその人の言葉のセンスが問われることになります。たとえば、次の例文において「たくさん」をどんな副詞に置き換えたらよいでしょうか。

・北海道産の純生クリームがたくさんかかったショートケーキに心が震えた。

「たくさん」だとさほどインパクトがありません。まず思いつくのは「いっぱい」ですが、やや子どもっぽい表現で妙《みょう》味《み》がありません。「豊かに」「豊富に」という表現も考えられますが、「いっぱい」とは反対に硬い表現になってしまい、この文脈には合いません。「大量に」というのは量が多いことはわかりますが、心《こころ》躍《おど》りません。

そこで一ひねりして出てくるのが「たっぷり」でしょう。とくにこの文脈では、あふれるほど多いというニュアンスが実感とともに伝わり、ふさわしいように思われます。高級感はありませんが、量が多くて幸せという感じを出すために「どっさり」というのも考えられそうです。

別の考え方としては「ぜいたくに」「ふんだんに」というのも考えられます。日常のコスト感覚を超えた、非日常感が出ている点が好ましそうです。似たような直し方としては「惜しみなく」「惜しげもなく」も考えられそうです。

今度は、「全部」を例に、副詞の感覚を磨いてみましょう。

・運の良いことに、落としたお金は全部持ち主のもとに戻ってきた。

「全部」のかわりになる表現としてすぐに思いつくのは「すべて」です。もちろん、「すべて」でも問題ありませんが、もう少しカジュアルで、実感のこもった表現も考えてみましょう。たとえば、「まるごと」や「まるまる」はどうでしょうか。「まるごと」や「まるまる」も使えないことはなさそうですが、イメージとしてはフルーツやケーキに使いそうです。「残らず」「余さず」も考えられますが、「落としたお金」というよりも「使ったお金」になりそうです。

面白い語彙《ごい》選択としては「そっくり」が考えられます。「そっくりそのまま」の「そっくり」です。「すべて」でもよいのですが、このように一手間かけることで、より適切な副詞選択になるでしょう。

程度副詞の恣意性

「程度の副詞」にせよ「数量の副詞」にせよ、程度副詞の難しいところは、程度の甚だしさは話し手が決めるものであり、主観に左右される面があるということです。

次の文章を読んでみてください。「天文学者らが銀河の『壁』を発見、地球から5億光年」という見出しの文章です。

> 科学者らによる国際研究チームが、宇宙の大規模構造の1つとなる銀河の「壁」を新たに発見した。地球から5億光年という極めて近い距離にありながら、天の川銀河の明るさに覆い隠されて、これまで発見されずにきた。（中略）
>
> 今回の発見が特別なのは、地球から極めて近いところにあるからだ。サウス・ポール・ウォールは、地球からたったの5億光年しか離れていない。実はこの距離の近さが、これまで発見が困難だった原因でもある。サウス・ポール・ウォールは、天の川銀河のすぐ背後にある「銀河掩蔽《えんぺい》ゾーン（Zone of Galactic Obscuration）」と呼ばれる場所に位置している。天の川銀河の明るさによって、壁の存在が間近にありながら覆い隠されてきた。
>
> (https://www.technologyreview.jp/s/212181/astronomers-found-a-giant-intergalactic-wall-of-galaxies-hiding-in-plain-sight/)

「極めて」という程度副詞が使われ、近さが強調されているので、どのぐらい近いのかと思って見てみると、「たったの5億光年しか」と書かれています。「5億光年」が「たった」と表現されるほどの宇宙の広さに圧倒されると同時に、程度副詞というものがいかに主観的で相対的な存在かがわかります。

こうして考えていくと、「数量の副詞」がいかに恣意的《しいてき》なものかが見えてきます。たとえば、「ほとんど」という副詞はどのぐらいの割合なのでしょうか。

・今の一〇代後半の若者はほとんどテレビを見ない。

この文は自然な文ですし、読んだ人は、一見誰もが同じ解釈をするように思えるのですが、実際に何％の人がテレビを目にしないのかがわかりません。高い人では九〇％ぐらいを想像するかもしれませんし、低い人では六〇％ぐらいかもしれません。また、見るには見るが、一日三〇分以下の人が八〇％ぐらいだと考える人もいるでしょう。

そのように考えてもう一度、この文を見てください。「ほとんど」という副詞には幅があり、思ったよりもテレビを見る若者は多いのではないか。そう感じませんか。また、「ほとんど」を使う書き手の心理として、昔の若者はテレビに夢中であり、そこを基準にして考えると、テレビを見る若者はぐっと減少したという、世代の違いに基づく「ほとんど」の使用であるかもしれない。そのことに気づくと、程度副詞に込められる程度の怪しさが見えてくるはずです。

学術論文では副詞はできるだけ使わないように指導されます。とくに、程度副詞の使用はできるだけ控えるように言われるのは、程度副詞の程度がこのように主観に基づくものだからです。

・二〇二三年度の調査によれば、一六～一九歳の若者のうち、一日三〇分以上テレビを見る人は約二八％である。

右は架空の数値ですが、学術論文ではきちんと調べて正確に書く必要があり、程度副詞をはじめとする副詞の使用による主観の混入を避けるように厳しく指導されます。

もちろん、だからといって、程度副詞を日常生活のなかで使ってはいけないわけではありません。言語情報において話し手の主観や評価というのもじつは大事な情報であり、程度と主観を合わせて伝えられる程度副詞はその点で優れているからこそ、これだけ頻用されると考えられます。ただ、程度副詞を使うと、どうしても、聞く人によって解釈にズレが生じやすいこと、話し手の主観を一方的に押しつける結果になってしまいがちなことは、理解して使う必要があります。

　そうした解釈のズレが問題になりやすいのはビジネスのときです。まずは、「だいたい」「おおむね」「あらかた」です。

・文字数が四〇〇字を超えていれば、だいたいお認めします。
・プロジェクトの進行はおおむね順調です。
・至急で依頼された書類はあらかた完成しました。

「だいたい」と言われても、文章を書くように依頼された側は、文字数以外にどんな条件が求められるのか、気になります。「コピペされた内容でなければ」「誤字脱字がない文章であれば」などと、ほかに問題になる条件があるのなら、それをきちんと示したほうがよいでしょう。

「おおむね」という副詞も、報告された側としては気になる表現で、「おおむね」とわざわざ入れた背景が知りたくなりそうです。何か小さな問題があるのなら、それも添えて示したほうがよいでしょう。

「あらかた」も、一〇〇%ではないので、あなたが上司の立場であれば、完成度が何%ぐらいなのか、未完成の部分はどんな内容なのかがきっと気になるでしょう。副詞を入れた場合は、なぜその副詞を入れたのか、その理由も合わせて示すことが求められます。

次は、「相当」「そこそこ」「ある程度」です。

・円安の進行と原材料価格の高騰により、コストが相当高くなることが予想されます。
・給与はそこそこお出しできると思います。
・業務上必要であれば、超過勤務はある程度認めるようにしています。

「コストが相当高くなる」の「相当」は予想であるだけに難しいところですが、「相当」では情報提供になっていません。「三割から四割程度」のように具体的な数値を入れるように努力する必要があるでしょう。

ヘッドハンティングにあったとき「給与はそこそこ」と言われたら、その会社に移りたいと思うでしょうか。具体的な金額を示さずに「そこそこ」と言われると、言われた側は疑心暗鬼になるかもしれません。具体的な金額を示す必要がありそうです。

超過勤務は会社にとってはコストがかかりますので、できれば抑制したいものかもしれません。しかし、「ある程度」と言われると、どこまでが認められて、どこからが認められないかがあいまいです。業務過多のなか、仕事を終わらせようと残業をしたとしても、それがサービス残業になる危険性を「ある程度」はらんでいます。超過勤務が必要になるレベルの業務量があるのならば、「ある程度」の基準を明確にすることが求められるでしょう。

さらに、「やや」「若干」「多少」の三つについても検討しておきます。

・締切が前倒しになったので、優先順位をやや高くしてください。
・品薄ではありますが、在庫は若干ございます。
・サーバーダウンが続いたので、メモリ容量を多少増強しました。

「やや」というのは、ビジネスの業務指示には向かない表現です。「優先順位をやや高く」ではわかりません。もちろん、相手の業務量や多忙さへの配慮もあったのでしょうが、いくつかある業務のなかで「やや」と言われても、言われた側はどこまで順位を上げたらよいか、きっと戸惑います。

「若干」というのは書き手にとって便利な言葉です。本来は二～三、多い場合は四～五を指す言葉ですが、人事の採用の場合、基本的には一名だが、よい人がいれば二名採用するというケースもあります。反対に、一〇名近く採用することもあり、書き手の都合に合わせて自由に変えられる言葉です。採用者にとっては便利ですが、応募者にとっては情報が十分に伝わらず、厳しいものがあります。

前述の例も、具体的な注文を受けたときに、その個数や販売価格などを考慮して、売り手側の事情に応じて「ある」とも「ない」とも言える表現であり、その意味では賢い表現ではありますが、そのツケが読み手に及ぶことには少なくとも自覚が必要です。

「多少」というのは、「多い」と「少ない」の両方を含み、多いのか少ないのか、はっきりしない表現です。サーバーダウンが続くという深刻な状況にたいし、メモリ容量の「多少」の増強で対応できるかどうか、システム管理者側としては不安でいっぱいでしょう。どの程度の増強なのか、数値を示すほうがよいでしょう。

ここまで、「数量の副詞」を中心に程度副詞を見てきました。「だいたい」「おおむね」「あらかた」「相当」「そこそこ」「ある程度」「やや」「若干」「多少」の九つに共通することは、程度や数量の多寡や、それにたいする話し手の評価は含んでいるものの、話し手の主観に依拠するところが多いために、程度や数量があいまいになりやすいということです。

話し手にとって都合がよい表現が、聞き手にとって都合がよいとは限りません。情報をはっきり伝えるために、学術的な場面はもちろん、ビジネスの場面でもできるだけ控えるようにし、数値を明確にする姿勢が求められます。

ここまで、「数量の副詞」について厳しく見すぎたかもしれません。次に紹介するのは、漫画『宇宙兄弟』（一一巻、講談社）で、主人公の南波《なんば》六太《むった》が先輩の宇宙飛行士であるビンセント・ボールド（ビンス）にたいして答えた言葉です。

ビンス「じゃあ君には敵はいないと……？」
六太「いや……　いないと言うか…
俺の敵は　だいたい俺です
自分の〝宇宙へ行きたい〟っていう夢を　さんざん邪魔して
足を引っぱり続けたのは
結局　俺でした」

人は自分の夢が実現できなかったとき、周囲のせいにしがちです。ところが、六太は「俺の敵は　だいたい俺です」と口にします。そこには、自分の夢にたいする覚悟が見え隠れします。人のせいにせず、自らの運命を自ら引き受ける姿勢が多くの共感を生むのだと思います。六太はけっして断言しているわけではありません。その場で口ごもり、頭のなかで反芻《はんすう》した結果、「俺の敵は　だいたい俺です」という結論に至りました。自分の夢の実現を邪魔してきた敵をきっと頭のなかでしらみつぶしに考えていったのでしょう。その結果が「だいたい俺」であったところに、この名言の力の源泉が潜んでいそうです。

3.「時間の副詞」の広がり

「頻度の副詞」と「時間の副詞」

「時間の副詞」を考えるとき、「程度の副詞」「数量の副詞」との関連で問題になるのが、

「しばしば」「よく」「ときどき」「たまに」といった「頻度の副詞」です。高頻度の副詞を考えると、「いつも」「つねに」「たえず」といった恒常を表す副詞が視野に入ります。そこから期間を表す副詞「ずっと」「しばらく」につながります。「毎日」「毎週」「毎月」「毎年」のような「毎〜」のつく名詞、「二日おきに」「水曜日ごとに」「月に二度」「一晩中」のようなものも、名詞的な表現ではありますが、この延長線上に並びます。

「今」「現在」「今日」といった現在、「かつて」「さっき」「昨日」といった過去、「将来」「いつか」「明日」のような未来、「もう」「すでに」のような完了、「まだ」「いまだに」のような未完了なども、すぐに思い浮かびます。このあたりが「時間の副詞」の基本と見ることができるでしょう。

「時間の副詞」の表現効果

これ以外に、「時間の副詞」には、高い表現効果を有する三つのグループがあります。それらを順に見ていきます。まずは、「すぐに」のグループで、業務メールなどで力を発揮します。「すぐに」はもっとも一般的な言い方です。

・ご連絡をいただき次第、すぐに修理を開始します。

「ただちに」「速やかに」「遅滞なく」はビジネス文書で使うのにふさわしく、似たような意味で使いますが、「ただちに」がもっとも即時性の高い対応で、その次が「速やかに」、そして「遅滞なく」の順になるとされます。

・異常事態を感知したら、｛ただちに／速やかに／遅滞なく｝現場に急行し、対応いたします。

「迅速《じんそく》に」「早速」「即座に」「至急」のような二字漢語を含むものもよく使われます。「迅速に」「早速」「即座に」は、言われたらすぐに対応するというニュアンスを持ちます。くだけた話し言葉では「速攻」を使う人もいるでしょう。

一方、「至急」は、これから対応してほしいという希望で使われることが多く、メールの件名で「【至急】アンケート提出のお願い」のように使われることも多いものです。

・条件が整いましたら｛迅速に／早速／即座に｝実行に移したいと思います。
・鈴木さまからいただいたメール、至急ご転送をお願いいたします。

迅速さが薄らいでくると、「まもなく」「近々」「やがて」「いずれ」「早晩」「遅かれ早かれ」のように、将来のどの時点で起きるのかがぼんやりしてきます。

二つ目のグループは、「突然」のグループです。「突然」「突如」「唐突に」のように「突」の字の入るもの、「急に」「急遽《きゆうきょ》」「急激に」のように「急」の字の入るものが代表的ですが、「不意に」「にわかに」「だしぬけに」「いきなり」「思いがけず」なども使われます。この種の表現は文学作品で力を発揮します。大事な場面は「突然」訪れるのです。

次の例は三浦哲郎《てつお》「團欒《だんらん》」（新潮文庫『忍ぶ川』に収録）からの引用です。幼い子どもが喜ぶので、空中ブランコのようにぶら下げて遊んでいた父親が、調子に乗って危険なことをしてしまい、子どもに危うく怪我をさせてしまいそうになった場面の描写で、「時間の副詞」がたくさん使われています。

「プロームナードで帰りましょ。」

子供は腰がくだけそうになって、両手でわたしの手にすがりつき、そしてそのままぶら下がってしまいました。それをわたしが、「よーいしょ」と掛け声かけて、山なりに持ち上げて前へはこびます。なんのことはない、いつもは妻と二人でやってやる空中ブランコを、ひとりでやっているような按配《あんばい》になりました。子供はもう笑いがとまらなくなって、地面におりても起《た》ち上がろうともしません。それで、もうよすのかと思うと、

「も一つ、やって。」

「よしきた、よーいしょ。」

わたしたちは、いつのまにか手をつないだまま駆け出していました。

「あぶないわよ。」

と、そのとき背後から妻の声がきこえたような気がします。

けれども、わたしは、子供の笑い声に煽《あお》られて、地面すれすれの低空飛行をさせてやりながら、知らずしらずのうちに次第に駆ける足を早めていました。そして、気がついたときには、子供を完全に宙吊《ちゅうづ》りにしたまま、俺《おれ》はこんなに走っていいものだろうか

と、ふと不安を感じるまでに速度を増していたのです。

「あぶないな。」

わたしは危険を予感して、急に足をゆるめようとしました。しかし、そのときには、危険はもうすぐそこにきていたのです。

不意に、なにかがわたしの脛《すね》に触れました。そう思った瞬間、わたしの視界は一転し、わたしは激しくアスファルトの路面に叩《たた》きつけられていました。あとで思うと、わたしが急に速度を落したために、宙を飛んでいた子供の足が惰性で前に流れ、わたしの脛にからみついたのでしたが、その瞬間、わたしは一体なにが起ったのか、まったくわからなかったのです。ただはっきりおぼえているのは、わたしの脇腹《わきばら》の下で子供のからだが実に柔軟にはずんだことと、つい目の下にある子供の目が、その瞬間、すうっと大きくみひらかれたことだけでした。

それで、わたしは、ハッとわれに帰ったのです。わたしは、ちょうど柔道の抑え込みの恰好《かっこう》をして、腋《わき》の下に子供を入れて倒れていました。そして、自分の上体は肘《ひじ》でしっかりと支えていて、これは自分でもおぼえのなかったことですが、わたしはよくもとっさにこの肘を立てたものでした。もしこの肘を立てなかったら、わたしは多分、子供の胸部に、勢いづいたわたしの全重量をあずけたことになったのです。

わたしは身を起しました。すると、そこへ妻が飛んできて、倒れている子供をさっと目にもとまらぬ早さで抱き上げました。そして、つづけざまに子供の名をよびながら激しくその尻《しり》を打ちはじめたのです。そのとき、わたしはやっと怖《おそ》るべきことに気がつきました。当然子供は泣くはずなのに、ちっとも泣かないことに気がつきました。泣くどころか、うんとも、すんともいわないのです。わたしは思わずゾッとして、妻のそばに駆け寄りました。

そのとき、妻がわたしにみせた思わぬ凝視と行動は、忘れることができません。

妻はふりむくと、まるで他人をみるような目で、わたしの顔を凝視しました。刺すようにつめたい、仮借《かしゃく》ない目の色でした。そして妻は、急に泣くように顔をしかめて、

「いいのよ。」

叫ぶようにそういったかと思うと、あたかもわたしに子供を奪われまいとするかのように、さっと道ばたの麦畑のなかに躍りこんでいったのです。そのとき、妻の足からぬげた片方の下駄《げた》が、アスファルトの路面に飛んで高い音を立てました。

この長さの文章で、時間表現の長い列ができています。その列を丁寧にたどっていくと、「いつのまにか」⇓「そのとき」⇓「知らずしらずのうちに」⇓「気がついたときには」⇓「ふと」⇓「急に」⇓「そのときには」⇓「不意に」⇓「そう思った瞬間」⇓「急に」⇓「その瞬間」⇓「その瞬間」⇓「ハッと」⇓「とっさに」⇓「目にもとまらぬ早さで」⇓「そのとき」⇓「やっと」⇓「そのとき」⇓「急に」⇓「そのとき」と流れていることがわかります。物語の場面展開に、こうした時間表現が不可欠であることがわかります。

三つ目のグループは、「やっと」のグループです。今見た三浦哲郎「團欒」にも「やっと」は出てきました。「そのとき、わたしはやっと怖るべきことに気がつきました。当然子供は泣くはずなのに、ちっとも泣かないことに気がつきました。泣くどころか、うんとも、すんともいわないのです」というところです。もっと早くに気づいておくべきことに、最終的に気がついたことを示す「やっと」です。

「やっと」「ようやく」「ついに」「とうとう」「いよいよ」といった到達点を表す「時間の副詞」に共通しているのが、なかなか実現しなかったものが、紆余《うよ》曲折《きょくせつ》を経て最終的に実現したという感覚です。したがって、文学作品のクライマックスに出やすい重要な表現がこれらの表現になるでしょう。

「最後に」「結局」「つまるところ」というのも似たニュアンスです。夏目漱石が好んで使った副詞に「必竟《ひっきょう》」があります。これもまた、「つまるところ」を表しています。次の例はいずれも夏目漱石『こころ』（新潮文庫）に出てきた「必竟」です。主人公（私）の先生が「必竟」という言葉に抗《あらが》いつつも、結局「必竟」という言葉に搦《から》めとられていった心のなかの葛藤が見えてきます。

・けれどもあなたは必竟財産があるからそんな呑気《のんき》な事を云っていられるのよ。
・必竟女だからああなのだ、女というものはどうせ愚《ぐ》なものだ。私の考は行き詰れば何《い》時《つ》でも此《こ》所《こ》へ落ちて来ました。
・私がこの牢屋《ろうや》の中《うち》に凝《じっ》としている事がどうしても出来なくなった時、又その牢屋をどうしても突き破る事が出来なくなった時、必竟私にとって一番楽な努力で遂行出来るものは自殺より外にないと私は感ずるようになったのです。
・すると夏の暑い盛りに明治天皇が崩御《ほうぎょ》になりました。その時私は明治の精神が天皇に始まって天皇に終ったような気がしました。最も強く明治の影響を受けた私どもが、その後《あと》に生き残っているのは必竟時勢遅れだという感じが烈《はげ》しく私の胸を打ちました。

「時間の副詞」は文学作品で使われ、場面の展開を支配し、展開のカギとなるここぞというところで使われる。そのことを知っているだけでも、私たちが物語と向きあうさいの姿勢がきっと変わってくるはずです。

第5章　予告副詞

——「ぜんぜん面白くない……」

1.「呼応の副詞」の種類

「呼応の副詞」の特徴

さて、ここからは第三の副詞グループである予告副詞について見ていくことにします。

まずは「呼応の副詞」です。「呼応の副詞」は、特定の文の述べ方と呼応する副詞です。「ぜんぜん」と来れば「ない」、「たぶん」と来れば「だろう」のような組み合わせになるのが「呼応の副詞」です。

一般にはこうした副詞だけを陳述副詞と呼ぶこともあり、陳述副詞という概念をかなり広く取っている本書の用語の使い方とは異なりますので、注意してください。

「呼応の副詞」の特徴は、文の終わりまで聞かなくても、話し手の言いたいことがわかる点にあります。第1章でも述べたように、日本語はＳＯＶの語順であり、文の終わりの述語まで聞かないと、話し手の言いたいことが本来わからない言語です。ところが、「呼応の副詞」

があれば、述語の述べ方を予告することになり、文の途中で先に話し手の言いたいことがわかり、聞き手の理解に役立ちます。「呼応の副詞」にはそうした先触れの機能があります。

七種類の「呼応の副詞」

「呼応の副詞」の代表的な先触れの機能には、大きく分けて、「疑問」「否定」「推量」「感嘆」「願望」「比況」「仮定」の七つがあります。「呼応の副詞」の裾野の広がりを知るために、まずはこの七つを順に確認しておきましょう。

「疑問」を予告するのは「いったい」「はたして」です。この二つにはどのような違いがあるでしょうか。

・税金はいったい何のためにあるのだろう。
・日本の税金ははたして高いのだろうか。

「いったい」は、答えの見当がつかない、あるいは理解が難しい疑問にたいして使われます。「そもそも」と言い換えやすいもので、そもそも論に使われやすい傾向があり、「税金はいったい何のためにあるのだろう」「税金はいったい何に使われているのだろう」のようなＷＨ疑問文との相性がよいものです。

一方、「はたして」のほうは、結果に関心のある疑問にたいして使われます。このため、「はたしてキノコ王国の運命やいかに？」のように、結末がどうなるかに関心が向かうものに向いていています。また、Ｙｅｓ－Ｎｏ疑問文では、「本当に」に近い意味になり、その結論が成立するかどうかに疑いの目が向くことになります。「日本の税金ははたして高いのだろうか」であれば、高いことに疑問を持っている意味になりますし、「明日の試験、はたして無事に乗りきれるのだろうか」であれば大いに不安だという意味になります。

文末に「〜ない」を伴う「否定」を予告する「呼応の副詞」はたくさんあります。どのようなものがあるか、思い浮かべてみてください。ほぼゼロであることを表す「ぜんぜん」「すこしも」「ちっとも」「さっぱり」「いっこうに」、ゼロではないが少ないことを表す「あまり」「たいして」「さして」「さほど」「それほど」、強い否定を表す「けっして」「だんじて」「ゆめゆめ」、部分否定を表す「かならずしも」「一概に」「あながち」など、その数が非常に多いことがわかります。

「推量」の「呼応の副詞」も、確からしさの段階によってたくさんあります。そのことを次の例文で確認してみましょう。①〜④には何が入りますか。傍線を引いた副詞を参考に、考えてみてください。

・あなたにとってステキな人がきっと見つかる（　①　）。
・人気のアーティストはおそらく最後に登場する（　②　）。
・私は普通だと思っていたが、スイカに塩をかけるのはどうも普通でない（　③　）。
・年末年始寝こんでいた。もしかしたらコロナに感染していた（　④　）。

確からしさがもっとも強い「きっと」「かならず」は言いきりの文末と呼応します。①には何も入らないのが自然です。もし入れるとしたら、「あなたにとってステキな人がきっと見つかるはず」の「はず」ぐらいでしょうか。

確からしさが少し下がる「おそらく」「たぶん」は「だろう」「と思う」との相性がよさそうです。②は「登場するだろう」「登場すると思う」ぐらいがよいでしょう。

推定というニュアンスのある「どうも」「どうやら」は「らしい」「ようだ」と呼応しそうです。③は「普通でないらしい」「普通でないようだ」が入ります。

さらに確からしさが下がる「もしかしたら」「もしかして」「ひょっとしたら」「ひょっとして」は、「かもしれない」との相性がよさそうです。④の文末は「感染していたのかもしれない」、あるいは「感染していたのでは」「感染していたとか」でもよさそうです。

なお、「否定」と「推量」を合わせた「否定推量」の「まさか」「よもや」もあり、「まさか〜するまい」「よもや〜ないだろう」の形で使われます。

「感嘆」の「呼応の副詞」は、「なんと」「なんて」の二つが代表的です。

・なんと不思議なご縁でしょう。
・なんてきれいな空の色!

のように、「だろう」「でしょう」や体言止めの文末で感嘆の気持ちを表現することが多い特徴があります。

「願望」の「呼応の副詞」は、「ぜひ」「どうぞ」「どうか」がよく使われます。「よろしくお願いします。」という決まり文句とともに、メール文などで多く使われる副詞です。

・ぜひ優勝｛したい／してほしい｝。
・どうぞご自由にご活用ください。
・どうか私たちのプロジェクトをご支援ください。

のように、「したい」「してほしい」「してください」などの文末と一緒に使うとよさそうです。

「比況」は、比喩を予告するもので、「まるで」「あたかも」などが使われます。

・まるで石みたいな硬いマクラで寝た。
・あたかも味方であるかのような言動に裏切られた気分だった。

のように、「みたいな」「ような」と呼応します。

「仮定」の「呼応の副詞」は、文末ではなく、文中の条件表現「れば」「たら」「場合」「ても」と呼応するものです。「もし」「万一」「かりに」「たとえ」などがあり、「もし雪が降れば」「万一財布を盗られたら」「かりに成功していた場合」「たとえここで倒れても」のように使います。

このように、「呼応の副詞」は述語に表れる決まった形と呼応する特徴があります。文末の述べ方を予告することで、文を読みやすくする働きを持つのが「呼応の副詞」です。

2.「呼応の副詞」の規範意識

規範意識の個人差

英語や中国語という話し手の数が多い大言語がＳＶＯ語順なので、そちらが標準であり、日本語が特殊であるかのように思われがちですが、世界的に見れば、日本語と同じＳＯＶ語順の言語も多く、ＳＶＯ語順と拮抗《きっこう》しています（角田《つのだ》一九九一）。

ＳＯＶ語順では、文末に動詞が来るので、言いたいことが最後に決まる特徴があります。これは長所でもありますが、聞き手からすると、最後まで聞かないと話し手の言いたいことがわからないという意味では短所ともなります。そこで、日本語では「呼応の副詞」が発達しており、早めに話し手の言いたいことを伝えて、その短所をカバーしようとするわけです。しかし、「呼応の副詞」で予告したはずの文末が来ないこともあります。

・このティラミス、ぜんぜんおいしいね。

の「ぜんぜん」のように肯定形と呼応するのがその例です。これは、新野《にいの》（二〇一一）が指摘するように、「ぜんぜん」が否定形と呼応しなければいけないという「迷信」が広がった結果として、許容しにくいと感じられる例であり、もともと日本語にあった使われ方なのですが、まったく問題ないと感じる人と、違和感を覚える人がいることでしょう。世代、方言、受けてきた教育などによって規範意識に個人差があるわけです。

これがもし、

・このティラミス、見た目よりもぜんぜんおいしいね。

ならば、問題ないと感じる人が増えそうです。見た目は「まずそう」だったのですが、口にしてみたら案外「まずくない」という否定的なニュアンスが含まれるからです。

・カウンター席には仕切りがあるから、女性一人で入っても、ぜんぜん大丈夫。

が問題ないように感じられるのも、お店に一人で入るのは「大変そう」という前提があり、それを「大変ではない」＝「大丈夫」という形で否定しているからでしょう。

規範意識の調査

人によって、「呼応の副詞」の予告にたいする規範意識は異なるわけですが、書き手としては読み手の規範意識を知っておくことは重要でしょう。

私が二〇〇六年に早稲田大学で教えていたころ、授業のなかで学部生を対象に行った「呼応の副詞」の規範意識の調査がありますので、それをご覧ください。傍線の引いてある「呼応の副詞」にどのぐらいの違和感を覚えるでしょうか。

①実際富の弱虫には弱った。その上二人のしている事を全然罪悪と思い込んでいるには

閉口した。（志賀直哉『小僧の神様』新潮文庫）

②私達はそれ程仲の好《よ》い兄弟ではなかった。小《ち》さいうちは好く喧嘩《けんか》をして、年の少ない私の方がいつでも泣かされた。学校へ這入《はいっ》てからの専門の相違も、全く性格の相違から出ていた。（夏目漱石『こころ』新潮文庫）

③最初に同制度〔社員が発明した特許が製品に応用された場合、報奨金を払う制度〕を導入した武田は「職務上の特許でも発明者には権利があり、相応の特許収入が得られるべきだと考えたため」と、必ずしも研究開発促進というより、正当な対価の支払いという考え方を強調している。（『毎日新聞』二〇〇一年五月六日朝刊）

④僕は一体子供好きでない方でもあったが殊《こと》にこのお嬢さんは大嫌いだった。（志賀直哉『小僧の神様』）

⑤信夫は、三堀峰吉が給料紛失の犯人であることに気づいたが、三堀という人間が、このまま職場から去るのは憐《あわ》れに思われた。どちらかと言えば軽率で、ときおり薄野《すすきの》の遊廓に遊ぶことも、本人の口からいく度か聞いたことがある。たぶん遊ぶ金につまって、悪いと知りつつやったことにちがいない。（三浦綾子『塩狩峠』新潮文庫）

⑥そのとき、私は、周囲の変化がこれで不動のものになることを感じた。もし私がすす

呼応の副詞の規範意識

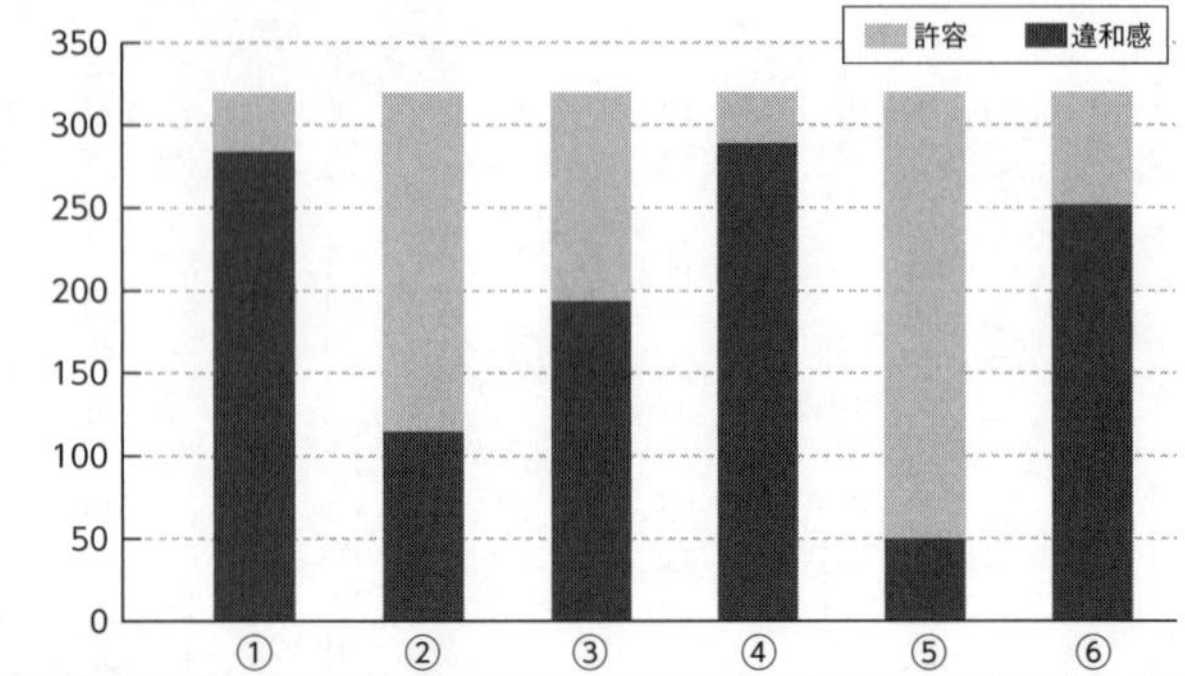

	①	②	③	④	⑤	⑥
許　容	36	205	126	31	270	68
違和感	284	115	194	289	50	252

（調査対象者：320名）

> んで彼等の誤解をとかない以上、私の変身もまた確実であった。私は狂って、狂者になる。それは私の破滅にもひとしかったが、この思いもかけなかった変身は、たえがたい魅力をもって私の心を誘惑した。（三浦哲郎『忍ぶ川』）

規範意識がとくに高かったのは、①、④、⑥の三つです。①では「全然罪悪」というつながりに、九割近い人が違和感を覚えたようです。おそらく「全然」よりも「まったく」、「まったく」よりも「すっかり」とすることで違和感は下がっていくと思われます。

④では「一体子供好きでない方でもあった」に九割を超える学生が違和感を抱いてい

ます。「いったい」の説明ですでに見たように、「そもそも」に近い意味で使われる傾向があり、この例も「そもそも」で置き換えればよかったようです。志賀直哉の時代の言語感覚であれば、とくに疑問形と呼応させなくてもよかったようですが、現代的には疑問と呼応しないと気持ち悪く感じるようです。

二〇〇四年に行った同種の調査では次のような例文を出したことがあります（石黒二〇〇五）。

・曲った階段と石だたみの玄関を越えて、暗い階段のそばに来、手さぐりしてたたきへ出た。そこには皮がひろげてつるしてあった。そこで強い皮のにおいとともに彼は、突然わき出て来る思い出の雲を吸いこんだ。彼はまた降りて、なめし皮用樹皮液つぼと樹皮かすのかたまりをかわかすための狭い屋根付きの高い構脚のある裏庭へいった。はたして壁ぎわのベンチにリーゼがこしかけ、かごのジャガイモを前において、皮をむいていた。数人の子どもが彼女を取り囲んで耳を傾けていた。（ヘルマン・ヘッセ『車輪の下』高橋健二訳、新潮文庫）

私自身の語感ではまったく違和感がなかったのですが、調査の結果、三〇七名中二〇九名、つまり約三分の二の学生が「はたして」と肯定形の呼応に違和感があると答えました。「はたして」には「予想通り」という意味があるのですが、現代語では消滅しつつあるのかもしれません。「いったい」「はたして」とも「疑問」の予告副詞に特化しつつある様子がこの調査結果からわかります。

⑥は「もし私がすすんで彼等の誤解をとかない以上」を問題にしています。「もし」という「仮定」の予告副詞にどのぐらい規範性があるかを確かめたものです。①や④ほどではありませんが、約八割の学生が違和感を抱く結果となっています。「以上」は、仮定条件の「れば」「たら」よりも確定条件の「から」「ので」に近いので、「もし」との相性は悪いと感じた人が多くを占めたのでしょう。

③の「必ずしも研究開発促進というより」ぐらいになると、次第に拮抗してきますが、それでも六割強の学生が違和感ありと回答しています。「というより」には否定の意味は含まれてはいますが、「必ずしも」という「呼応の副詞」がありますので、「ではなく」としたほうが、新聞記事としてより正確になるという判断でしょう。

一方、②と⑤は許容派のほうが違和感派を上回っています。②の夏目漱石『こころ』の例、

「学校へ這入てからの専門の相違も、全く性格の相違から出ていた」は、三分の二弱の学生が許容していました。「全く」を否定の陳述副詞と解釈するかどうかは微妙です。『現代日本語書き言葉均衡コーパス』を調査した劉《りゅう》（二〇一八）によれば、「全然」の約七〇％が否定形と、「全く」の約六〇％が否定形と呼応していました。その意味では否定の陳述副詞と呼んでよいと思うものの、その否定性は徐々に薄まりつつあるようです。ここでも、「全く」を「完全に」と同一視できる学生と、そうでない学生がいることがわかります。

⑤は三浦綾子『塩狩峠』の例ですが、全体でもっとも許容派が多く、「たぶん遊ぶ金につまって、悪いと知りつつやったことにちがいない」は、八四％強の人が問題ないと考えていました。「たぶん」は「だろう」や「と思う」と呼応するのがふつうで、「かもしれない」だと若干弱く、「にちがいない」だと反対に強すぎる印象があるように思ったのですが、大きな違和感を覚えなかった人も少なくないようです。一般に、「推量」の呼応の副詞は、多少のズレが見られても、比較的寛容に受け止められる印象があります。

このように、「呼応の副詞」と一口に言っても、個々の副詞によってどのぐらい強く特定の文末形式を要求するかが違いますし、読み手の世代、方言、教育的背景にも左右されます。しかしながら、読み手の期待を裏切ってしまうような「呼応の副詞」の使用は、かえって文章を読みにくくしてしまいますので、控えたほうがよいでしょう。「呼応の副詞」は読み手の頭の働きに合わせて使ってこそ、効果を発揮するものです。

3.「評価の副詞」の考え方

「評価の副詞」の種類と形

予告副詞は、「呼応の副詞」と「評価の副詞」に分かれます。「呼応の副詞」は文末形式の予告の副詞であるのにたいし、「評価の副詞」は後続内容の予告の副詞です。あとに続く文の内容に網を掛け、「こんな内容だよ」と先に述べる副詞です。それが結果的に、後続内容の評価につながるので、「評価の副詞」と呼んでいます。

「評価の副詞」は多くの場合に文頭に置かれ、後続の内容に色をつける働きをし、読み手に読み取りの心構えを作ります。ＳＯＶ言語である日本語において、言いたいことを先に伝えられる便利な表現です。

形としては、「〜にも／くも」「〜ことに」「〜ながら」の三つがあります。

「〜にも／くも」は、形容詞や形容動詞を使った「評価の副詞」です。「幸いにも」のような形容動詞の連用形＋「も」、「惜しくも」のような形容詞の連用形＋「も」の形となります。

・幸いにも、救急隊員の迅速な対応のおかげで、一命を取り留めた。
・惜しくも、終了間際に逆転のゴールを喫《きっ》し、準決勝で涙をのんだ。

前の例では、「幸い」なのは「救急隊員の迅速な対応のおかげで、一命を取り留めた」ことで、「幸いにも」が内容の先触れをしています。後の例でも、「惜し」いのは「終了間際に逆転のゴールを喫し」たことで、こちらも「惜しくも」が内容の先触れをしています。

「幸いにも」のように「〜にも」を取る仲間には、「幸運にも」「不思議にも」「大胆にも」「親切にも」「不幸にも」「不運にも」「無残にも」「うかつにも」「不用意にも」「不当にも」などがあります。また、「惜しくも」のように「〜くも」を取る仲間には「奇《く》しくも」「むなしくも」「いみじくも」「はしなくも」などがあります。「はからずも」「心ならずも」のような動詞の否定形もここに入れてよいでしょう。

「〜ことに」は、「驚いたことに」のような動詞、「嬉しいことに」のような形容詞、「奇妙なことに」のような形容動詞、いずれでも使えます。

・驚いたことに、水槽を見たらメダカが卵を産んでいた。
・嬉しいことに、病院にたくさんのお見舞いの手紙が届いた。
・奇妙なことに、現場には物的証拠が何も残ってはいなかった。

動詞では、「驚いたことに」のほか「びっくりしたことに」「困ったことに」「馬鹿げたことに」などが、形容詞では、「嬉しいことに」のほか「悔しいことに」「寂しいことに」「ありがたいことに」などが、形容動詞では、「奇妙なことに」のほか、「大変なことに」「かわいそうなことに」「気の毒なことに」などがあります。

「〜ながら」は形容動詞がつくものが中心で、次の「残念ながら」の「残念ではありますが」のように、「〜ではありますが」との言い換えができるものです。

・残念ながら、受験の結果は不合格だった。

「残念ながら」以外に、「遺憾ながら」「当然ながら」「失礼ながら」「不愉快ながら」「不本意ながら」があります。「恥ずかしながら」のような形容詞もありますが、数は少なそうです。「恐れながら」「遅ればせながら」「はばかりながら」という動詞の組み合わせは、むしろ第6章で見る「発話の副詞」に近づいていきます。

「〜にも／くも」「〜ことに」「〜ながら」の形以外にも、独自の形である「幸い」「あいにく」「いやいや」などもありますし、形容詞の連用形をそのまま使う「運良く」「運悪く」「折良く」「折悪《あ》しく」「幸先よく」「仕方なく」や、否定形の「ず」を後接させる「思いがけず」「やむをえず」なども使われます。

　こうした内容先触れ表現は、いわばメールの件名のような働きをするものです。メールの件名が、開封するまえに中身を読む心構えを作ってくれるように、「評価の副詞」もまた、後続の文を読むまえにプラスの内容かマイナスの内容かを示すことで、心構えを作る働きをしています。

「評価の副詞」と「評価を表す副詞」

「評価の副詞」というのは、文頭にあって後続の内容を予告する副詞であり、かつ、後続の内容の評価を担う副詞なのですが、後続内容という限定を外すと、多くの副詞が「評価の副詞」に入りそうに見えます。第1章の「3．副詞とは何か」で見たように、副詞には評価性があり、副詞という品詞自体が全般的に評価を表す傾向があるからです。

そこで、ここで言う「評価の副詞」と区別するために、後続内容の予告をしないものの、評価の意味を持つ副詞を「評価を表す副詞」と呼ぶことにしましょう。

たとえば、「程度の副詞」である「ばかに」「やけに」を例に取ってみます。

「ばかに」という副詞は、馬鹿という言葉が入っているとおり、一般的な常識からかけ離れた、並外れた程度の甚だしさを指します。そのため、次の山村《やまむら》暮《ぼ》鳥《ちょう》の詩「雲」では独特の味を出しています。この味は馬鹿という言葉が持つ評価が入っているからこそ生じる味であり、もしも「馬鹿に」が「とても」だったとしたら、この詩のよさは半減するでしょう。

おうい雲よ
ゆうゆうと

馬鹿にのんきさうぢやないか
どこまでゆくんだ
ずつと磐城《いわき》平《たいら》の方までゆくんか

「やけに」という副詞は、理由はよくわからないが、いつもと違って特別にという、程度の甚だしさを出しています。

・おう、けさは、やけに富士がはっきり見えるじゃねえか、めっぽう寒いや

という太宰治の『富嶽百景』のつぶやきは、「めっぽう」という副詞と相まって、「やけに」が輝いて見えます。「やけに」「めっぽう」というのは、すばらしいという評価を表すわけではありません。むしろ、異常だという評価を伴う、やや乱暴に響く言葉ですが、だからこそ、太宰治の本音が耳に聞こえてきそうな効果があります。

今度は夏目漱石の『三四郎』を見てみましょう。

・三四郎はよし子といっしょに歩くよりは、よし子といっしょに野々宮の下宿で落ち合わねばならぬ機会をいささか迷惑に感じた。いっそのこと今夜は家へ帰って、また出直そうかと考えた。

「いささか」というのは「多少」という意味であり、「数量の副詞」と考えられますが、そこには「多少」と異なる若干ネガティブなニュアンスが含まれています。続く「いっそのこと」は「いっそ」という形でも使われる「思いきって」という意味の副詞で、広い意味で「呼応の副詞」に含まれるものですが、これもまたネガティブなニュアンスを含んでおり、この二つがセットになって三四郎の消極的な姿勢が巧みに表されています。

文学作品を扱った国語の入試問題では、このような、副詞の使い方で登場人物の気持ちがわかるようにできている文章で出題されることが少なくありません。入試問題の場合、小説であっても正解を出さないといけないので、ここにこうした表現があるからという根拠として、評価を表す副詞が使われやすいのです。入試問題に限らず、副詞への感度を上げ、副詞に込められた評価を読み取れるようになれば、文学作品の豊かな読み取りが可能になり、読書自体が楽しくなるでしょう。

第6章

検討副詞

——「ぶっちゃけ、年収いくら？」

1.「認定の副詞」と話し言葉との相性

話し言葉で多い「認定の副詞」

情態副詞、程度副詞、予告副詞に続き、最後の検討副詞を本章で概観します。

検討副詞という名前を聞いたことがある人はいないでしょう。なぜなら、私が過去にこうした名称を使った人がいないことを確認したうえで、本書で初めて使った名称だからです。話し手が言葉を話すときに頭のなかで行っていることに言及する副詞に、それとわかる二字漢語の名称をつけたいと思い、話し手は頭のなかで何をどう言おうか検討しているはずだと考え、「検討」という名称をつけることにしました。

検討副詞のなかでまず取りあげるのは「認定の副詞」です。「認定の副詞」は、頭のなかで自分が言おうとする内容を検討し、その結果として導きだされた内容であるということを示す副詞です。

「認定の副詞」は、話し言葉のなかで高い頻度を誇るもので、前出の『日本語日常会話コーパス』の副詞ランキング三位の「まあ」、七位の「やっぱり（やはり）」、一二位の「なるほど」がここで言う「認定の副詞」に入ります。

そのほか、名詞としてカウントされているものの、副詞として数えるならば、副詞ランキング五位あたりに入りそうな「本当に」、同様に考えると副詞ランキング一七位あたりに入りそうな「たしかに」もあります。

さらに、数えるのが難しいのですが、文字列検索によるヒット数から推測して副詞ランキング二位に入ってもおかしくない「なんか」もあり、総じて頻度が高いものです。

しかし、『現代日本語書き言葉均衡コーパス』の副詞ランキングになると、これらは頻度がぐっと下がります。つまり、話し言葉でのみよく使われるというのが「認定の副詞」の特徴です。これはなぜなのでしょうか。

フィラーとして働く「認定の副詞」

「認定の副詞」のなかでもとくに頻度が高い「まあ」「なんか」で考えてみます。

この二つは感動詞との区別が難しいものです。感動詞のなかに、「えーと」「あのー」のように考えているときに発する言葉があります。埋め草という意味のフィラーと呼ばれる一群の言葉であり、「まあ」「なんか」はそことの境界線の引き方が難しいのです（大工原《だいくはら》二〇一〇）。私自身も「まあ」「なんか」もフィラーのなかに入れて考えています。

しかし、「えーと」「あのー」と、「まあ」「なんか」のあいだには大きな違いがあり、その違いについて少し説明します。

大雑把な言い方になりますが、「えーと」は自分の話す話題を探索するあいだに発する言葉、「あのー」は話題は見つかっているものの、それに合った言い回しを探索する言葉です。話題と表現という違いはあるものの、「えーと」も「あのー」も頭のなかで探索活動が進行中であることを示す言葉です。

・えーと、何の話でしたっけ。えーと、そうそう、ピザの生地の厚みの話でした。

・すみません。あのー、駅にはどう行ったら、あのー、一番の近道でしょうか。

一方、「まあ」「なんか」は探索進行中ではなく、探索打ち切りを示すマーカーです。「まあ」は、自分の思いをうまく言葉にできた自信はないが、伝えたいことはだいたいこんな感じだというときに使います（冨樫二〇〇二）。つまり、これから自分がする話は、適切な言い方である自信はありませんが、という前置きとして使われるわけです。

・そっかあ。まあ、採用には至らなくても、グループ面接まで残れたってことは、まあ、よくがんばったほうじゃないかなあ。

一方、副詞の「なんか」は、「クリスマスだし、なんかやらない？」の「なんか」とは違います。「なんかやらない？」の「なんか」は英語の“something”、すなわち名詞です。副詞の「なんか」は、もっと漠然とした「なんか」であり、ときには「なぜだかわからないけど」と解釈され、ときには「なんだったか思い出せないけど」と解釈されるようなものです。自分の情報にはどこか欠けたところがあるという含意を込めるのが、「なんか」の働きです。その意味で、「なんか」は「認定の副詞」としては例外的で、頭のなかで検討したものの、確かめられなかったことを示す「非認定の副詞」かもしれません（大工原二〇〇九）。

・あたしってさ、なんか、数学とか苦手でさ、なんか、方程式っていう言葉を聞くだけで固まっちゃうみたいなとこがあってさ……。

人が言葉を話すとき、すべての情報が整ってから話しだすわけではありません。話しながら情報を呼びだすので、話しかけてから情報が足りないことに気づくことがあります。その足りない情報を情報Ｘと名づけておきましょう。

「えーと」は情報Ｘそのものを探すとき、「あのー」は情報Ｘの言い方を探すときに使う表現ですが、情報Ｘを埋めようと探索する点では共通しています。

これにたいし、「まあ」や「なんか」は、情報Ｘを無理に埋めようとはしない表現です。「まあ」は、情報Ｘの言い方は不十分だけれども、今思いついたことを思いついた範囲で言っておくという表現であり、「なんか」は、情報Ｘの存在に気づいているものの、わからないところはわからないままで話しつづけることを示す表現になります。

以上をまとめると、情報Ｘの存在を認めている点では「えーと」「あのー」「まあ」「なんか」は共通しており、その点でフィラーと言えます。情報Ｘの存在を前提としているため、話し言葉では頻出する一方、書き言葉ではほとんど出てきません。なぜなら、書き言葉は話し言葉とは異なり、時間をかけて表現することが認められており、Ｘの中身をきちんと埋め、情報Xを消してから書くのがマナーだからです。

話し言葉は相手の目の前で話を紡いでおり、相手を待たせることができません。沈黙は気まずいものです。もうこれ以上相手と話したくない、相手に話し手を交替してほしいなど、意図しない別のメッセージも相手に伝わってしまうおそれがあります。このため、具体的な意味を持たない音を話の途中に挟んで間《ま》を持たせる必要があるのです。それが、埋め草であるフィラーです。それが話し言葉で決定的に重要である一方、書き言葉で不要なのは言うまでもないでしょう。

聞き取りに役立つフィラー

こうしたフィラーははたして邪魔なものでしょうか。たしかに書き言葉にとっては邪魔です。会話を文字起こしして文章にするとき、ケバ取りという作業を行います。ケバとは会話の内容と直接関係のない不要な表現のことで、ここで言うフィラーを指します。

しかし、話し言葉の場合、フィラーのない話はかえって聞き取りにくいのです。たしかにフィラーが多すぎる話し方はフィラーが聞き取りの邪魔になるのですが、フィラーのない話し方も頭に入ってきません。フィラーは、話し手が今、何を考えて何を言おうとしているのかを間接的に教えてくれるマーカーとして働いており、聞き手はそのマーカーの助けを得て話の内容を理解しているからです。

原稿をそのまま読みあげられると内容が頭に入ってこない、という経験をしたことはないでしょうか。原稿の棒読みは、話し手が原稿の内容を十分に理解せずに読みあげているので、意味が取りにくくなります。聞き手は、アクセント、イントネーション、話すスピードの緩急、微妙な間の取り方、フィラーの使い方を総合しながら聞いているので、話し手が話す内容を理解していないと、こうした要素のバランスが狂い、聞くに堪《た》えないものになってしまうのです。反対に、話し手が話す内容を十分に理解しながら話すと、意味の流れである文脈を踏まえた話し方に変わり、内容が理解しやすくなります。

最近のロボットが自然な話し方ができるようになってきたのは、音声合成技術の向上に伴い、こうした点での調整技術が急速に進歩してきたことが背景にあります。つまり、「えーと」「あのー」「まあ」「なんか」といったフィラーをうまく調整できれば、コンピュータの音声を人間の肉声のように変換することもできるのです。

外国人が使いにくい副詞──「やっぱり」

筆者である私の専門は、外国人に日本語を教える日本語教育です。二一世紀に入り、テレビのバラエティ番組を見ていても、街中を歩いていても、日本語の上手な外国人が本当に増えたように感じます。その理由は、日本語を学ぶ外国人自身と、日本語を教える日本語教師の双方が、必死で努力をしているからです。

海外で教えられている日本語教育の水準も上がりました。「えーと」や「あのー」も日本語教室のなかで教えられ、たとえば海外の大学の日本語学科に日本語力がゼロで入学した学生も、大学二年生の半ばを過ぎるようになると、「えーと」や「あのー」を会話のなかで使いだすようになります。

しかし、海外の大学で身につかず、日本の大学に留学するようになって初めて身につくようになる言葉があります。その代表が「なんか」と「まあ」です（石黒二〇二二）。

というのも、「えーと」や「あのー」とは違い、「なんか」や「まあ」は、日本語教科書を作る日本語教師にもあまり意識されておらず、教える対象として認知されていないからです。それは日本の大学でも同じなのですが、周りの日本人が「なんか」や「まあ」を頻繁に口にするので、留学生はそれらを自然に習得するようになるのです。

じつは、そうした副詞はほかにもあります。それがこれから紹介する「やっぱり」「なるほど」「たしかに」「けっこう」です。外国人にとって習得が難しい副詞が、この「認定の副詞」に集中しているのも興味深いところです。

まずは「やっぱり」から見ていくことにしましょう。「やっぱり」の特徴は多義的に見えるところです。

・何度研修をしても、やっぱり組織は変わらない。（不変）
・兄貴だけでなく、弟もやっぱり吹奏楽部に入部した。（同様）
・犯人はやっぱり住み込みの執事だった。（予想通り）
・日本人はやっぱり和服が似合う。（結論）
・就職も考えたけど、やっぱり大学院に進学したい。（決断）
・紅茶、あっ、やっぱりコーヒーにします。（選択）

このように多様な文脈で使える「やっぱり」ですが、「やっぱり」に共通した特徴は何でしょうか。

結論から示すと、「やっぱり」を使うメカニズムは次の①～④のようになっており、その点ではすべてに共通しています（この部分の記述は、「あとがき」にある鈴木英子《ひでこ》さんとの議論を参考にしました。加藤〔一九九九〕も参照）。

①話し手には、もともとの考え（A）がある。
②しかし、話し手には考え（A）と対立する別の考え（B）もある。
③話し手は考え（A）と考え（B）のあいだで揺れている。
④最終的には話し手はもともとの考え（A）に戻ったことを示す。

・旅行もいいけど、やっぱり我が家が一番落ち着く。

を例にすると、もともとの考え（A）は「我が家がいい」であり、それと対立する考え（B）は「旅行がいい」であり、その二つのあいだで揺れていたのですが、最終的には「我が家が一番落ち着く」という結論に至ったことを「やっぱり」が示しています。このようなメカニズムを外国語として理解することは難しく、日本語がよくできる外国人でも「やっぱり」はなかなか難しそうです。

「やっぱり」を使うときに気をつけたいのは、聞き手がそう思ってはいないときです。

前記の例で、「働きかければ組織は変わる」「弟は別の部活に入部する」「犯人はてっきり親族だと思っていた」「最近の日本人は洋服のほうが似合う」などといった考えを聞き手が持っている場合に「やっぱり」と言われると、話し手の考えを押しつけられた気になりますので、「やっぱり」は逆効果になります。「やっぱり」は話し手自身の決断を述べるとき以外は、話し手と聞き手が共通の考え方をしているときに初めて成立する表現です。

相づちになる「なるほど」「たしかに」

「なるほど」「たしかに」も難しそうです。「もちろん」は似た表現が外国語にもよくあるようで、むしろ日本人以上に多く使いがちなのですが、「なるほど」「たしかに」は難しいようで、なかなか使えるようになりません。

「なるほど」は、話し言葉では、多くの場合、相づちとして使われます（蓮沼二〇一八）。

・なるほど、それは一つの考え方だね。

「なるほど」という納得の語感が外国人には理解しにくいようです。

「たしかに」も、やはり話し言葉では相づちになりやすいのですが、「なるほど」ほどではありません。

・たしかに、それはそうだ。
・ハリウッド俳優かあ。たしかに渋くてイケメンな人、多いよね。

「なるほど」「たしかに」は相手に同意を表すのによい表現なのですが、話し手がある程度知識があり、それでもまだ足りない部分があったということを表明する表現であり、ときに上から目線になることがあります。

以前、私が入試の試験監督をしていたとき、試験時間中、飲み物を机のうえに出してよいかと受験生に聞かれ、「駄目です。ここに記載しているもの以外は出してはいけないことになっています」と説明したら、「なるほど」と一言だけ言われて絶句したことがあります。

「たしかに」でも同じことでしょう。返答の仕方として文法的に間違ってはいないのですが、偉そうに響き、失礼になるおそれのある表現です。

　知識がさほどないことにたいし、「なるほど」「たしかに」を連発すると、知ったかぶりをする痛い人というイメージを持たれかねませんので注意が必要です。

　なお、「なるほど」「たしかに」「もちろん」という副詞は、書き言葉においては譲歩という役割を持ち、逆接を導くのによく使われ、とくに「たしかに」が多く使われます。

・たしかに、育児は昼も夜も休みなく続く、大変な作業である。しかし、幼い子どもの成長を間近で見られる喜びはかけがえのないものである。

　このような逆接を誘導する「たしかに」は、異なる立場に寄り添う姿勢を示しつつ、自分自身の主張を打ちだせる点で有効な方法です。また、逆接の接続詞「しかし」が続く文章において、書き手がどちらの立場に立っているかを読み手に混乱なく示せる点でも優れています。頭に入れておいて損のない用法です。

思った以上の副詞――「けっこう」「案外」「意外と」

人間はすでに頭のなかに持っている認識をもとに目の前の事態を見積もります。頭のなかの既有の認識との比較検討が、評価として現実の認識に現れるわけです。こうした評価を表す副詞を「見積もりの副詞」と呼ぶことにしましょう（工藤一九七七）。

「見積もりの副詞」には、「少なくとも」「悪くても」「最低でも」のような低い見積もりと、「多くとも」「良くても」「最高でも」のような高い見積もりがあります。低い見積もりのほうが期待値が低いぶん、ポジティブな意味になりやすいのにたいし、高い見積もりのほうが期待値が高いぶん、ネガティブな意味になりやすくなります。

とくに後者については、「せいぜい」「たかだか」のように、ネガティブ性が強い副詞もあります。こうした副詞は失望やあきらめを含み、読み手に不快感を与えるおそれが強まりますので、使用は控えめを心がけます。

・いくら割引率が高いと言っても、せいぜい五％が限界だろう。
・人間の人生はたかだか百年。千年単位の屋久杉とは比べられない。

ただし、こうした評価は状況によって異なります。二〇〇八年にオリンピックに出場する日本選手団にたいし、ときの福田康夫首相は「せいぜいがんばってください」と言って批判を受けましたが、おそらく福田元首相の語感では「精一杯」の意味だったのだろうと思います。また、数学用語としての「高々」は、「高々八個」は「多くても八個」「八個以下」を表し、ネガティブなニュアンスは含みません。

ポジティブな語感を持ちやすい「見積もりの副詞」は「けっこう」「案外」「意外と」です。このうち、「けっこう」は話し言葉でよく使われ、『日本語日常会話コーパス』の副詞ランキング九位に入る高頻度副詞です。

ニュアンスとしては、「けっこう」「案外」「意外と」ともに、話し手がもともと持っていた想定から外れたことを示しますが、「案外」「意外と」よりも意味が広いと考えられ、そのため使用頻度もはるかに高くなっています。

この原稿を書いているとき、同じ部屋にいた高校生の長女、愛を捕まえて質問しました。

・愛さん、〔けっこう／案外／意外と〕字が上手いんだね。

右の例文で「けっこう」「案外」「意外と」のどれがよいのか聞いてみたのですが、即答で「けっこう」でした。「案外」も「意外と」も、「そうは見えない」、すなわち字が下手であるという強い想定が前提としてあるので、ほめられても嬉しくないのだそうです。

「けっこう」も想定があるにはあるのですが、それは、「そうは見えない」という対立的な想定ではなく、「そうは見えていた」という肯定的な想定です。ただ、「そこまでとは思っていなかった」という含意があり、「思っていた以上に」という意味を表します。そのため、「そうは見えない」という対立想定まで含む「案外」「意外と」のような失礼さがなく、聞き手に受け入れやすいため、高頻度で使われると考えられます。

2.「限定の副詞」と取りだす感覚

「限定の副詞」のいろいろ

「認定の副詞」の次は「限定の副詞」について考えます。

「限定の副詞」という考え方は、工藤（一九七七）を参考にしています。そこでは、「ただ」「単に」「もっぱら」「ひとえに」といった排他的限定、「まさに」「まさしく」「ほかでもなく」といった選択指定、「とくに」「ことに」「とりわけ」「わけても」「なかんずく」「なかでも」といった特立《とくりつ》、「おもに」「主として」といった「おもだて」、「たとえば」といった例示、「むしろ」「どちらかといえば」「いっそ」といった比較選択、「いわんや」「まして」といった類推、「少なくとも」「せめて」「せいぜい」「たかだか」「たかが」といった見積もり方・評価の八つに分けられています。

本書では、選択指定と見積もり方・評価は「認定の副詞」に入ると考えていますが、「限定の副詞」という項目を立てることには賛成です。そのなかでも代表的な副詞は、特立と、その仲間である「おもだて」でしょうから、それ以外の「限定の副詞」について、少し触れておくことにしましょう。

まず、工藤（一九七七）で排他的限定とされる「ただ」「単に」「もっぱら」「ひとえに」ですが、「それしかない」という意味を持つという点で共通しています。グループから何かを取りだそうとしても、それ以外になかったということを示します。

「ただ」と「単に」は「〜だけ」とセットになりやすいという点で共通しています。

・優勝できてほっとしています。今はただ嬉しいだけです。

・よかれと思って注意しても、単に恨みを買うだけだよ。

「ひとえに」と「もっぱら」は漢字で書くとそれぞれ「偏に」「専ら」です。「ひとえに」はそれ以外に理由がないことを示し、感謝を示すのに向く表現です。

・これもひとえにみなさまのご支援のたまものです。心より感謝申し上げます。

「もっぱら」はそのことだけに打ちこむという意味で、

・カウンセラーは、助言は行わず、もっぱら聞き役となることが大事だ。

のように用います。

また、例示とされる「たとえば」は、言うまでもなく、理解に役立つ具体例を挙げるときに用い、接続詞として使われます。イメージは容易で、例文は不要でしょう。

「むしろ」「どちらかといえば」「いっそ」といった比較選択は、グループのなかに複数の選択肢が存在した場合、どれを選ぶかを比較検討する様子を示す言葉です。

「むしろ」は、複数の選択肢を選択した場合、常識的にはよいと思われる選択肢がかえってよくない選択肢となることを示します。

・ストレスは健康を害すると思われがちだが、適度なストレスは健康によい。むしろストレスのない生活を続けると、寿命を縮める。

「どちらかといえば」は二つの選択肢に大きな差がないときに用い、あえてどちらを選ぶとすると、微差であるが、よりよく思える一つの選択肢を選ぶというときに使います。また、「いっそ」は「いっそ〜したほうがましだ」といった文型でよく使われ、中途半端な選択肢を選ぶくらいなら、あえて極端な選択肢を選んだほうがよいという文脈でよく使われます。

・野球観戦がそこまで好きなら、高い観戦チケット代を出して球場に足を運ぶのではなく、いっそ球場のスタッフになったらどうだろう。

「いわんや」「まして」といった類推は、「いわんや〜をや」や「まして〜など／なんか…」といった文型でよく使われ、すでに悪い選択肢があった場合、別の選択肢が同じ意味でさらに悪い選択肢であり論外だというニュアンスで使われます。

・休憩時間であっても職場のパソコンでゲームをやるのは勧められない。まして、就業時間にこっそりやるのは絶対にやめたほうがよい。

こうして見てくると、「限定の副詞」は複数の選択肢を選んでくるときに、どのような選び方をするのかを示す副詞であることがわかります。

特立のポイント――「とくに」は語順が重要

さて、「限定の副詞」の典型である特立を見ることにしましょう。「おもに」「主として」といった「おもだて」も同様に考えることは可能です。

特立の特徴は語順が重要だということです。次の例では何がとくに寒いのでしょうか。

・北関東の冬は山おろしの風と放射冷却の影響でとくに寒い。

何かと比較するという強い意識がなければ、「きわめて」ぐらいの意味かもしれません。あるいは、北関東は冬が寒いという冬の特立かもしれませんし、周辺地域とくらべて北関東が寒いという北関東の特立かもしれません。

こうした文はあいまい文になりやすいので、特立したい要素のまえに「とくに」を置くとよいでしょう。

・北関東の冬は山おろしの風と放射冷却の影響できわめて寒い。
・北関東は山おろしの風と放射冷却の影響でとくに冬が寒い。
・冬は、とくに北関東が山おろしの風と放射冷却の影響で寒い。

「山おろしの風と放射冷却の影響で」を特立する場合にも、その直前に「とくに」を置きます。

・北関東の冬はとくに山おろしの風と放射冷却の影響で寒い。

「とくに」自体は、厳密には接続詞ではなく副詞ですが、先行文脈があり、「とくに」が文頭に来ると、接続詞のように見えます。

・首都圏の冬は意外と寒い。とくに北関東の冬は山おろしの風と放射冷却の影響で寒い。

特立の場合、「とくに」は便利なのでつい使いすぎ、単調になりがちです。「こと（殊）に」「とりわけ」「わけても」「なかでも」などを織り交ぜて、表現が単調にならないように工夫するとよいでしょう。

3.「発話の副詞」

「何を言うか」ではなく「どう言うか」

文の先頭に来やすい副詞の代表は、第5章の「3.『評価の副詞』の考え方」で見た「評価の副詞」です。「評価の副詞」は「幸い」「惜しくも」のように、あとに続く内容について評価を含めて示す副詞で、後続内容を読み取る姿勢を作りだします。

ここで扱う「発話の副詞」は「評価の副詞」と似ていますが、「評価の副詞」が「何を言うか」すなわち「Ｗｈａｔ」を問題にするのにたいし、「発話の副詞」は「どう言うか」すなわち「Ｈｏｗ」を問題にする点で異なります。

英語の分詞構文で“～ speaking”という言い方を学んだことがあると思います。ここで扱おうとする発話の副詞「はっきり言って」は“Frankly speaking”、「正直」は“Honestly speaking”、「まじめな話」は“Seriously speaking”に当たります。「発話の副詞」は話す内容ではなくて、話し方、話す姿勢を問題にしていることがわかるでしょう。

「発話の副詞」の種類

「発話の副詞」にはいくつかの種類があります。一つ目は「〜言って」「〜言うと」のパターンです。「はっきり言って」「率直に言って」「正直言って」「素直に言うと」「まじめに言うと」「こっそり言うと」「簡単に言うと」「極端に言うと」「具体的に言うと」「正確に言うと」「厳密に言うと」「大まかに言うと」「大雑把に言うと」「逆に言うと」「どちらかと言うと」「ついでに言うと」などがあります。「じつを言うと」「言い換えると」「換言すると」などもこのグループに入りそうです。

・｛はっきり／率直に／正直｝言って、「女性が輝く」という言葉は、一人の女性として好きになれない。

二つ目は「〜な話」のパターンです。「正直な話」「まじめな話」「ここだけの話」「単純な話」「極端な話」「早い話」などがあります。これらは、あとに続く内容ではなく、話し方が

「正直」「まじめ」「単純」「極端」「早い」と解すべきでしょう。

・｛正直な／まじめな／極端な｝話、女の「察して」は男にはどうやっても通じない。

話し方ではなく話す内容が直前に来る「大事な話」「酷な話」「失礼な話」「細かい話」「汚い話」「くだらない話」は、「大事な話だけど」「酷な話だけど」「細かい話だけど」「汚い話だけど」「くだらない話だけど」のように、「話」の直後に「だけど」をつける必要があり、「発話の副詞」ではなく「評価の副詞」として機能します。「評価の副詞」として「だけど」なしに機能するのは「変な話」「恥ずかしい話」ぐらいです。

三つ目は何もつかないパターンです。「ぶっちゃけ」「正直」のほか、「じつは」「じつのところ」「事実」「実際」「実質」「ようするに」「ようは」「つまり」「すなわち」「ていうか」「いわば」「正確には」「厳密には」「大きくは」「概略」「たとえば」「逆に」「反面／半面」「むしろ」「かえって」「ちなみに」などがあります。

・｛ぶっちゃけ／正直／じつのところ｝、終身雇用で一生安泰という図式が崩壊した今、お金を自力で増やす力がないと、老後を生き抜くのは難しい。

「発話の副詞」を多数挙げましたが、すべて憶える必要はありません。大事なことは、これだけ多くの「言い方をあらかじめ宣言する言葉」が日本語にそろっているという事実を知り、必要なときに参照することです。

このような予告副詞を使えば、ＳＯＶ言語の日本語においても、聞き手の確実な理解を促すことができるでしょう。その点は、話の内容を予告する「評価の副詞」についても、話の言い方を予告する「発話の副詞」についても同じです。

「発話の副詞」の留意点――予告になっていない予告、本音のリスク

「発話の副詞」を使っていく場合、注意しなければならない点が二つほどあります。一つは、「予告になっていない予告」という問題です。

「逆に言うと」と言われて、逆になっていない話を聞かされたことはないでしょうか。よく聞くと、「逆に言うと」ではなく「さらに」や「しかも」だったりして、心のなかでツッコミを入れたことはないでしょうか。

「ようするに」と始まったのに、話の要点がいつまでも出てこなかったり、「早い話」でぜんぜん話が早くなかったりしたことはないでしょうか。「まじめな話」と言われて、それまでの話がふまじめなわけでもなく、どこがまじめな話なのか理解しかねたり、「変な話」と言われて、どこも変ではない話が続いて、落ち着かない気持ちになったことはないでしょうか。ぶっちゃけていない「ぶっちゃけ」や打ち明けていない「じつは」にたいして、それなら前から知っていたのに何を今さらと感じたことはないでしょうか。

　この種の予告表現は、きちんと使わないと、単なる見かけ倒しに終わってしまい、聞き手をかえって混乱させ、話の信用を損ねます。この種の言葉が口癖になっている人はとくに注意が必要です。

　もう一つとくに気をつけたいのは「はっきり言って」「ぶっちゃけ」「正直」「正直言って」といった、本音を口にする準備をする「発話の副詞」です。

　この種の言葉は、言いにくいことを言うという前置きで使い、言いにくいことを言いやすくする働きがあります。だからこそ、危険な言葉でもあります。言いにくい内容は相手の耳に痛い内容であり、相手を傷つけるおそれがある内容です。

　そのため、この種の前置きを使うと、言いにくいことが比較的抵抗なく言えてしまうため、言ってしまった結果、相手を傷つけてしまうリスクを負います。ハラスメントと受け取られかねませんし、何よりも大事な人間関係が壊れることにもつながります。

その意味で「はっきり言って」はいけないのです。「はっきり言って」「ぶっちゃけ」「正直」「正直言って」といった言葉が口から出そうになったら、ぐっとこらえて、自分のなかでその言葉を本当に口にするかを自問自答すべきです。もし迷いがあったらやめたほうがよいでしょう。迷いなく言えるときだけ相手に伝えれば、言葉としての効果を発揮します。

次の例は、第3章でも取り上げた、羽海野チカ『3月のライオン』（第三巻）で、主人公の高校生棋士、桐山零《きりやまれい》にたいし、高校の担任である林田《はやしだ》先生がかける言葉です。うじうじしたネガティブ思考にすぐに陥ってしまう桐山を励まそうとしている場面です。

・だ——っっ　もう
さっきから聞いてりゃ　でもでもでもでもと!!
「でも」が100個揃《そろ》えば開く扉《ドア》があればいーが

はっきり言って
ねーよ　そんなドア!!

そのあと、桐山はなおも「でも」と言ってしまうのですが、林田は「でもじゃね――」と一蹴《いっしゅう》しています。いつまでも一つところに留まってしまう桐山にたいする林田先生の「一歩前に踏みだせ!」という乱暴ながらも熱いメッセージが、このセリフに表れています。

第7章 副詞と印象

——「一生懸命のんびりしよう。」

1. 類義副詞の使い分け

言葉選びの楽しみ――引き出しを増やし、文脈に合った副詞を探す

副詞の世界は思ったよりも奥が深く、その数に圧倒されているかもしれません。ここからは、たくさんある副詞のなかからどのように副詞を選べばよいのか、適切な副詞を選ぶコツを考えてみたいと思います。

適切な副詞を考える場合にまず必要なのは、副詞の引き出しを増やすことです。副詞の引き出しを増やすといっても、やみくもに副詞を憶えても役に立ちません。大事なことは、似た意味の言葉をグループ化し、グループのなかから最適な言葉を選ぶことです。それにはもちろん、本書の記述が役立ちます。本書の強みは副詞を体系的に考えて分類し、それぞれの分類にたいし、副詞の例をたくさん示していることです。

また、シソーラスとも呼ばれる類語辞典も便利です。角川書店、小学館、講談社、大修館

書店、三省堂といった出版社が出している類語辞典が一冊手元にあるのが理想ですが、インターネット上の類語辞典でも参考になります。たとえば、「いつも」「類語」で検索すると、「つねに」「たえず」「始終」「年中」といった言い換え候補がすぐに出てきます。こうした似た意味の言葉を比較し、そのなかでもっともよい言葉を選ぶとよいでしょう。

しかし、類語辞典は万能とは言えません。一見すると異なる意味の言葉が、ある文脈では似た意味になることがあり、そうした言葉は類語辞典の候補には挙がってこないからです。そのため、類語辞典はあくまで参考程度であり、最終的には書き手の言葉選びのセンスが問われます。自分の頭のなかにある独自の語彙の意味ネットワークが、その人の語彙力を決めるのです。

したがって、副詞を選ぶ場合に何より必要なのは、当該の文脈に合った言葉をあきらめずに探すという姿勢です。最初に思いついた言葉で満足せず、もっとよい言葉がないか、考えつづける姿勢がその人の表現力を高めます。

そのさいに大事なのは前後の文脈です。文脈にぴったり合った言葉を探そうとすることが、よい副詞を選ぶ近道です。例を挙げてみましょう。

・自分のくだらない自虐ネタに、すぐに温かいツッコミで返してくれる人が好きだ。

「すぐに」で悪いわけではないのですが、もっとふさわしい言葉がないか、考えてみましょう。第4章の「3．『時間の副詞』の広がり」で見た副詞を入れてみましょう。

・自分のくだらない自虐ネタに、｛ただちに／速やかに／遅滞なく｝温かいツッコミで返してくれる人が好きだ。

三つのなかでどれがよいかと聞かれたら、「ただちに」がよさそうです。「すぐに」の速さがもっとも速いからです。ただ、この文脈にふさわしい「打てば響くような反応」を示す副詞とまでは言えない気がします。

そこで、同じ第4章の「3．『時間の副詞』の広がり」で見た別の副詞を入れてみることにしましょう。

・自分のくだらない自虐ネタに、｛迅速に／早速／即座に｝温かいツッコミで返してくれる人が好きだ。

このなかでは「即座に」がよさそうです。「打てば響くような反応」にもっとも近そうな印象だからです。

検討の結果、この文脈にふさわしい「すぐに」の意味の副詞は、「即座に」であるという結論になりました。それはそれでよいのですが、もう少し考えてみると、別解があることに気づくでしょう。私が考えた別解の一つは「すかさず」です。

・自分のくだらない自虐ネタに、すかさず温かいツッコミで返してくれる人が好きだ。

「すかさず」には、隙《すき》のなさ、抜け目のなさがあります。そのニュアンスがこの文脈では生きてきそうです。似たものに「とっさに」もありますが、「とっさに」は自分自身が窮地《きゅうち》に陥ったときに即座に反応するという意味で、この文脈とはやや相性が悪そうです。

「すかさず」以外に考えられるもう一つの別解は「間髪を入れず」です。

・自分のくだらない自虐ネタに、間髪を入れず温かいツッコミで返してくれる人が好きだ。

「間髪を入れず」の「間髪」は、「かんぱつ」ではなく「かんはつ」と読みます。間に髪の毛を入れる隙間《すきま》もないという意味ですので、「かんぱつ」と発音して一語化すると、意味が違ってきてしまいます。「間髪を入れず」はやや難しい副詞ですが、そのぶん「すかさず」よりも洗練された印象を与えますので有力な選択肢の一つでしょう。

このように、あれこれと考えることで、類語辞典には出てきにくい関連語も思いつくことができます。最終的に頼りになる副詞の引き出しは自分自身の頭脳です。

もう一つ、例を見ておきましょう。

・人の心はじつにもろいもので、ささいな寂しさから簡単に壊れてしまうものだ。

「簡単に」でも意味は十分に通じますが、ほかによい言葉はないでしょうか。「容易に」でもよさそうですが、「簡単に」よりよくなったかどうかは微妙です。「やすやすと」や「苦もなく」も「簡単に」の意味ですが、ネガティブなこの文脈には合いません。

そこで、考えたいのは「たやすく」です。「たやすく」は「いとも」という程度副詞と相性がよく、セットで入れてみましょう。

・人の心はじつにもろいもので、ささいな寂しさからいともたやすく壊れてしまうものだ。

壊れてほしくないものが「じつにもろ」く壊れてしまうというニュアンスを出すことに成功しており、かなりよくなった感じがします。

もう一つ、考えてみたいのが「あっけなく」です。

・人の心はじつにもろいもので、ささいな寂しさからあっけなく壊れてしまうものだ。

「あっけなく」には、「こんなにも簡単に」という実感がこもっており、やはり、人の心のもろさを表現することに成功しているといえるでしょう。

文脈にふさわしい言葉を探しているうちに、しっくり来る言葉にふとした拍子に出会うことがあります。これが言葉選びの楽しみです。

大人の和語副詞――センスよく、精度も高く

副詞選びは書き手の副詞の引き出しの大きさに左右され、語彙力の有無を試される気がしてきます。本書を書くなかで、私もさまざまな副詞を探してきたのですが、副詞探しの旅のなかで気がついたことがあります。それは、センスがよいと感じられる副詞は、和語副詞に多い。それも、漢字で書かれたときの読み方が難しい和語副詞に多いということです。

ここではそれを「大人の和語副詞」と呼び、検討してみることにしましょう。

漢字難読の和語副詞には次のようなものがあります。次の漢字の読み方と意味を考えてください。

1．敢えて　2．飽くまで　3．恰も
4．強ち　5．予め　6．些か

7. 徒に
8. 概ね
9. 自ずと
10. 徐に
11. 凡そ
12. 却って
13. 辛くも
14. 奇しくも
15. 悉く
16. 殊に
17. 宛ら
18. 頻りに
19. 頗る
20. 忽ち
21. 夙に
22. 具に
23. 頓に
24. 俄に
25. 偏に
26. 寧ろ
27. 尤も
28. 専ら
29. 固より
30. 漸く

読み方の答えを示します。

1. 敢えて—あえて
2. 飽くまで—あくまで
3. 恰も—あたかも
4. 強ち—あながち
5. 予め—あらかじめ
6. 些か—いささか
7. 徒に—いたずらに
8. 概ね—おおむね
9. 自ずと—おのずと
10. 徐に—おもむろに
11. 凡そ—およそ
12. 却って—かえって

13. 辛くも―からくも
14. 奇しくも―くしくも
15. 悉く―ことごとく
16. 殊に―ことに
17. 宛ら―さながら
18. 頻りに―しきりに
19. 頗る―すこぶる
20. 忽ち―たちまち
21. 夙に―つとに
22. 具に―つぶさに
23. 頓に―とみに
24. 俄に―にわかに
25. 偏に―ひとえに
26. 寧ろ―むしろ
27. 尤も―もっとも
28. 専ら―もっぱら
29. 固より―もとより
30. 漸く―ようやく

厳密ではありませんが、おおよその言い換え語も示しておきましょう。

1. 敢えて―わざわざ
2. 飽くまで―断固
3. 恰も―まるで
4. 強ち―かならずしも
5. 予め―前もって
6. 些か―少々
7. 徒に―無駄に
8. 概ね―おおよそ
9. 自ずと―自然に
10. 徐に―ゆっくりと
11. 凡そ―だいたい
12. 却って―逆に
13. 辛くも―ぎりぎり
14. 奇しくも―不思議にも
15. 悉く―すべて
16. 殊に―とくに
17. 宛ら―まるで
18. 頻りに―なんども

19．頗る—大いに　20．忽ち—すぐに　21．夙に—以前から
22．具に—くわしく　23．頓に—急に　24．俄に—急に
25．偏に—ただただ　26．寧ろ—いっそ　27．尤も—ただし
28．専ら—ひたすら　29．固より—初めから　30．漸く—やっと

どのぐらいの副詞をご存じだったでしょうか。知らない副詞はぜひ辞書に当たっていただきたいのですが、何となく知っているものも多かったのではないでしょうか。

こうした副詞を頭に入れておき、必要なときに使えるようになると、それだけで副詞の使い手として一段も二段もレベルが上がります。意味や用法が限定的であり、繊細なニュアンスを持つ副詞がそろっているぶん、これらの副詞にふさわしい文脈で使えるようになれば、伝えたいことの精度を高めて伝えることができるようになるからです。

いくつか例を見ておきましょう。

・きちんと練習すれば、普通に結果はついてくる。

ここでの「普通に」は「自然に」でもよさそうですが、「おのずと」がもっとも落ち着きがよさそうです。「おのずから」でもかまいません。

・あらゆる状況を想定して準備を重ねたが、全部裏目に出た。

「全部」という副詞はやや話し言葉的なので、「すべて」がよさそうですが、さらに一歩踏みこんで「ことごとく」がよさそうです。

・その一角には世界のおもしろ文房具が集まり、最新文房具のアンテナショップが軒を連ね、まるで文房具の見本市のような活況を呈している。

「文房具の見本市」という表現は比喩ですので、「まるで」でも問題なさそうですが、「あたかも」のほうがよりよさそうです。ですが、ここでお勧めしたいのは「さながら」です。この「さながら」は「まさに」とも言い換え可能で、比喩に見えないほどそっくりだというときに使える表現だからです。

・漁師になりたい理由を聞かれた息子さんが「おやじに憧れて」と言ったそばで、当の漁師の父親はずっと照れていた。

お父さんは息子さんのそばで照れていたわけですが、「ずっと」というと状態の継続の意味になり、やや起伏がない印象があります。何度も繰り返しという意味を含む「しきりに」を使ったほうが、動作としての照れている感じが読み手に伝わりそうです。

・被害者からの命がけの訴えを受け、政府もついに重い腰を上げた。

なかなか動かなかった政府が「ついに」重い腰を上げたというのは自然な表現です。しかし、「ついに」の場合、「とうとう」と同様に最終的な実現を表す傾向があります。「重い腰を上げた」段階に至ったところで「ついに」というのはやや大げさです。「やっと」であればより使いやすそうですが、被害者の視点に寄った喜びのニュアンスが入りそうです。ここでは、よりニュートラルで、政府にたいする遅すぎるという批判も若干入る「ようやく」がもっとも落ち着きそうです。

このように難読漢字を使った和語副詞は、微妙なニュアンスを伝えることができますので、適切な文脈で使えば強い感化力を読み手に与えることができます。

簡潔な漢語副詞——手垢のついていない表現で差をつける

難読漢字で表記できる和語副詞が高い表現効果を持つことは、すでに見たとおりですが、和語副詞以外でも、高い表現効果を発揮する副詞にはしばしば出会います。そうした高い表現効果を発揮する副詞に共通している条件は、ありきたりでない副詞だということです。使用頻度が低めの副詞を使えば、読み手の目を惹きやすいのです。

難読漢字の和語副詞以外に、ありきたりではない副詞としてよく使われるのは、漢語副詞です。

・次年度の目標の達成に向けて、一生懸命取り組んでまいります。

「一生懸命」というのは気持ちが伝わる副詞ですが、稚拙《ちせつ》な印象も与えます。「力一杯」「精一杯」でもよいのですが、やる気が空回りしている印象がないわけではありません。「鋭意」という副詞は短い表現ではあるのですが、冷静な判断のもと、目標が達成できそうな雰囲気が出せるでしょう。

・お客さまのご批判をまじめに受け止め、改善してまいる所存です。

「まじめに」というのも素直な表現ですが、それまでふまじめだったような印象を与えかねません。「真剣に」というのも似たような印象です。ここでは「真摯《しんし》に」という表現がしっくり来そうですし、「厳粛に」という表現も有力でしょう。

・みなさまのご希望に沿えるよう、なるべく調整に努めます。

「なるべく」というのはあまりよい表現ではありません。口語的ですし、努力はしてみますが、難しいと思うという考えを暗に示しているように感じられるからです。「なるべく」よりも「できるだけ」、「できるだけ」よりも「可能なかぎり」を使ったほうが、誠意が伝わります。「可能なかぎり」でも十分なのですが、「極力」という副詞を使う方法もあります。思い浮かびにくい副詞ではありますが、ここで伝えたいニュアンスを簡潔に伝えられるのが長所です。

・この日の結婚の喜びを、死ぬまで忘れることはありません。

ここでは「死ぬまで」という副詞的表現が使われています。まっすぐな表現ですが、「死」という言葉が入っているので、どきっとするような表現です。「一生」というのがすぐに思いつく表現ですが、一工夫した「生涯」が大人の表現としてふさわしいでしょう。ａｉｋｏのヒット曲『カブトムシ』（作詞／ＡＩＫＯ、一九九九年）の歌詞にも、「生涯忘れることはないでしょう」という有名なフレーズが出てきます。

・国会議員が不適切発言をするたびにする「誤解を与える言い方」という言い訳はもう聞き飽きた。

「もう」という副詞には、強い怒りがこもっています。その怒りを込めるのにどんな副詞を使うかは難しいところです。「正直」や「いい加減」という選択もありそうでしょうが、ここでは「心底」が有力だと思います。嫌気が差すという感情を端的に示せていると思うからです。「鋭意」「真摯に／厳粛に」「極力」「生涯」「心底」といった短い二字の漢語副詞は、案外思いつきにくいものです。だからこそ、意識的に探してみるようにすると、手垢《てあか》のついていない、表現効果の高い副詞が見つかる可能性が高まるでしょう。

「一」のつく副詞の活用

副詞をたくさん集めていくと、「一」という数字のつく副詞が圧倒的に多いことに気づきます。次の文の副詞を「一」のつく副詞に変えてみてください。

・有名な老舗旅館の閉館のニュースはＳＮＳでまたたく間に拡散され、多くの人が知るところとなった。
・カリスマ的な人気を誇るバンドのボーカルの不祥事をマスコミが同時に報じた。
・中国で働いて三年になるが、日本人だからといって働きにくいと感じたことはまったくない。

「またたく間に」は「一気に」、「同時に」は「一斉に」、「まったく」は「一切」と直せそうです。そのほか、「一応」「一時」「一層」「一体」「一杯」「一番」「一部」「一面」「一路」「一概に」「一途に」「一度に」「一様に」などが思い浮かびます。

とくに、生産性が高いのは「一点も取れなかった」「一台も車がない」「一回もターンが来なかった」の「一点も」「一台も」「一回も」といった否定の予告副詞です。否定の予告副詞は、何も考えないとすぐに「ぜんぜん」や「まったく」になってしまうのですが、それでは読み手の心に響くものにはなりません。「一」と「も」を使った副詞を作り、たくさんあるはずのものがゼロだという強い語感を出してみましょう。

・肝臓を傷めてから、お酒をぜんぜん飲んでいない。
・ボールの速さに、足がぜんぜん動かなかった。
・本番までの時間は貴重で、まったく無駄にできない。
・新米のあまりのおいしさに、まったく残さずきれいに食べた。

「お酒」は「一滴も」、「足」は「一歩も」、時間は「一秒も」、新米は「一粒も」となります。自分の副詞選択が単調になってきていると感じたら、「一」を使った副詞を考えるというのは有効な方法です。

慣用句を使う

この節の最初のほうで「間髪を入れず」の例を見ました。このような副詞句と呼べるまとまった表現は、うまく使えると便利です。語としての副詞だけでなく、慣用的な句としての副詞も、副詞の引き出しにしまっておくとよいでしょう。

・演技が上手になりたければ人間観察をしろと師匠に繰り返し言われました。

「繰り返し」という表現の代案はいろいろと考えられそうです。「何度も」もありそうですし、「うるさく」「厳しく」、さらには「しつこいくらいに」なども考えられそうです。しかし、「繰り返し」「何度も」ですと表現としてはありふれていますし、「うるさく」「厳しく」

「しつこいくらいに」ですと師匠に失礼になりかねません。

そうした表現のバランスを考えたときに出てくるのが「口酸っぱく」です。こうした慣用的な副詞句がすっと出てくるようになると、文章を書くことが楽しくなります。

・逆上した夫は、目についたものを、片っ端から投げつけてきた。

「片っ端から」という表現でも十分に理解できますが、さらによい表現を探すとなると、なかなか大変です。「次から次へと」では表現が改善された気がしませんし、「どんどん」や「何でもかんでも」ではかえって悪くなったような気さえします。「無差別に」や「闇雲《やみくも》に」もどこか違う気がします。

そこで考えたいのが「手当たり次第」です。言われれば、ああと思うのですが、自分から思いつくのは難しく、慣用句を探すという頭で考えないと見つけにくい表現です。

・せっかくの休暇ですから、たっぷりと楽しんでください。

これは私自身も悩んだ例です。休暇を取得された方にたいして、気の利いた言葉を贈りたいなと思ったときに、はたと立ち止まってしまいました。「たっぷりと」ではセンスに欠けるのはわかっているのですが、「ゆっくりと」「のんびりと」でも気の利いた感じにはなりません。

いろいろと考えたあげく思いついたのが「思う存分」と「心ゆくまで」です。この二つは慣用的な副詞的表現として読み手の心に届きそうな表現です。一つの副詞が思い浮かばないときは、複数の言葉を組み合わせることを考えてみるのがお勧めです。

2. 誤用の副詞

混乱の起きやすい副詞

副詞は意味変化の大きい言葉ですので、人によって受け取り方が異なる傾向があります。「ぜんぜんおいしい」に違和感を抱く人も、抵抗がない人もいるでしょうし、「ふつうにおいしい」にあまりおいしさを感じない人も、おいしさを強く感じる人もいるでしょう。

そのため、どこまでが正しい使い方かは一概に判断できないのですが、少なくとも多くの読み手が違和感を覚え、別の副詞が正しいのではと感じながら読む副詞は、問題があると見てよいでしょう。

・給与明細にある差引支給額、いわば手取り額が、一〇年前にくらべてかなり減った気がする。

この「いわば」に引っかかりませんでしたか。引っかかれば問題ありません。「いわば」は「たとえて言えば」という意味なので、この文脈には合いません。「正式な言い方ではないが、わかりやすく言うと」という「俗に言う」の意味で使われているため、「いわゆる」がよいでしょう。「いわば」と「いわゆる」は混乱が起きやすい副詞の代表です。

・たかが自転車と考えるかもしれないが、自転車は道交法上は軽車両、つまり車の仲間であり、通勤・通学で自転車を使っている人は、ぜひ気をつけて運転してほしい。

この「ぜひ」はどうでしょうか。誤りとは言えないと思うのですが、「ぜひ」を積極的なお勧めに使うものだとすると、「ぜひやめてください」というネガティブな文脈で使うのにはやや引っかかりを覚えます。「くれぐれも」のほうが抵抗感は下がると思われます。「ぜひ」と「くれぐれも」の使い分けも、社会生活を送るうえで重要な使い分けです。

・おかげさまで、私たちの結婚式も、つつがなく終えることができました。

「つつがなく」はトラブルもなく順調に進んだときに使う副詞ですが、病気や怪我もなく平穏にというニュアンスを含んでいます。結婚式や葬式で「つつがなく」というのは不自然で、「滞りなく」「無事に」とすべきところでしょう。

似たようなものでは、「結婚式がしめやかに営まれました」も違和感を与えます。ゆったりと落ち着いて、ひっそりと静かに進行する様子だからです。葬儀や納骨式であれば「しめやかに」はむしろ適切な表現として使うことができます。

副詞の場合、評価を伴いやすいので、プラスの語感とマイナスの語感の食い違いが生じて違和感を与えがちです。

・船舶の免許証は誰でも安易に取得できる。

もしこの文を批判的なニュアンスで書いているのであれば「安易に」で問題ありませんが、とくにそうしたニュアンスがなければ「容易に」「簡単に」のほうがよいでしょう。

・このあたり一帯は、ずば抜けて犯罪が多い地域です。

「ずば抜けて」は「ずば抜けて足が速い」「ずば抜けて歌がうまい」など、ポジティブな評価に用いられる副詞です。もし圧倒的に犯罪率が高い地域だということが言いたければ、「突出して」「群を抜いて」のほうがよいでしょう。

よく考えるとおかしい副詞

一見すると意味は通るのですが、分析的に考えるとおかしく見えてくる副詞についても見ておきましょう。

・撤去した自転車は、保管期限を過ぎたら、自動的に処分します。

駅前の放置自転車を撤去した場合、いつまでも保管することはできないものの、所有者の許可なく処分すると、「一方的に」処分した、「勝手に」処分したと言われかねませんので、行政として「自動的に」というのを選んだものと思われます。

しかし、「自動的に」という言葉は、「ひとりでに」「おのずと」という意味を持つため、どことなく不自然です。ルールに従って例外なくということを言いたいのであれば、「機械的に」ぐらいが適切かと思います。「一律に」というのもありうるでしょう。

・南東京市では、日本人住民と外国人住民が互いの立場を理解し、安心して暮らせる地域づくりを目指し、身軽にコミュニケーションをとる方法を学ぶワークショップを開催します。

ここで違和感を覚えるのが「身軽に」です。おそらく軽いのは「身体」ではなく「気持ち」でしょうから、「気軽に」としたいところです。

・ご近所で不審者・不審車両を見かけたら、容赦なく一一〇番通報を！

「容赦なく」は気持ちが前面に出た表現選択です。しかし、「容赦なく」は手心を加えないという意味ですから、ここでの文脈とはズレそうです。「躊躇《ちゅうちょ》なく」が適切でしょう。

・ふだんは厳しい上司にほめられたこと自体嬉しかったが、「さすがだね」と実力を認められたことが余計に嬉しかった。

ポジティブな評価にネガティブな言葉を使って表現効果を高めるという方法はあります。その意味で、ここでの「余計に」の使い方は誤りとは言えないかもしれませんが、「余計」という言葉自体に、「余りもの」「要らないもの」という語感があるので、やや使いにくい印象です。「なおさら」「一層」ぐらいだと落ち着きがよさそうです。

・消費税が増税され、日本経済は衰退に向かう。その悪い予感がまんまと的中してしまった。

「まんまと」は計画や思惑が当たることを表す言葉で、とくに悪事や悪だくみが巧妙に行われるときに使われます。望ましくないというニュアンスを出したいのであれば、「残念ながら」「運悪く」という言葉を使って明確に示したほうがよいでしょうし、的中を強めたいのであれば、「見事に」のほうがまだ落ち着きがよさそうに思われます。

3．心に響く副詞

うるっとくる副詞

間違った副詞の捉え方ばかり議論していると、せっかくの副詞の魅力が失われてしまいます。副詞は、適切に使えば、最大限の効果を発揮してくれる力にあふれた言葉です。
次の文章を読んでみてください。「その優しさに、うるっと」というタイトルの『西日本新聞』のコラムです。

きょうは子どもが泣いた話を。バスの中で幼い子が大声で泣き出した。あやしても泣きやまない。若い母親はいたたまれなくなって周囲を見回した。近くの席の中年男性と目が合った▼「すみません」。小声で謝ると、男性は「きょう、ちょっと嫌なことがあって…」。母親は「何を言われるのだろう」とびくびく。男性は「おじさんの分も泣いてくれる?」と笑いながら言ってくれた。母親がSNSに書いていた。「私まで泣きそうになりました」▼高校生の女の子もうるっとした。隣の町に1人で暮らす80代の祖母が入院した。ふとしたことで骨折し、動けなくなったのだ。両親と一緒に病院に駆け付けたが、新型コロナの感染対策で、入院患者との面会は許されなかった▼ある日、女の子は忙しい両親に代わり、祖母の着替えを持って病院を訪ねた。「おばあちゃんに一目でも」と頼んでみたが、規則は曲げられない。肩を落として帰ろうとしたその時——▼「ぐうぜーん、ぐうぜーん」と言う声が聞こえてきた。少し離れた場所を、祖母を乗せた車椅子がゆっくりと通り過ぎた。車椅子を押す看護師が笑顔で「偶然」と言いながら。かわいい孫娘の顔を見られた祖母の目から涙がこぼれた▼厳密にいえば規則違反だろうが、家族と会えない患者のつらさをよく知る看護師が、安全を確認して機転を利かせてくれたのだろう。その優しさに、こちらもうるっと。

(https://www.nishinippon.co.jp/item/n/917988/　二〇二二年五月五日配信)

「うるっと」という副詞と「偶然」という副詞が生かされた文章に、まさに読んでいる私たちまで「うるっと」させられるような潤いのある文章です。

文学作品も見てみましょう。中島敦『山月記』（新潮文庫）の副詞です。虎となり、草むらのなかから詩作について語りつづける李徴《りちょう》の声に一行が耳を傾けている場面です。

他でもない。自分は元来詩人として名を成す積《つも》りでいた。しかも、業未《いま》だ成らざるに、この運命に立至った。曾《かつ》て作るところの詩数百篇《ぺん》、固《もと》より、まだ世に行われておらぬ。遺稿の所在も最早《もはや》判らなくなっていよう。ところで、その中、今も尚《なお》記《き》誦《しょう》せるものが数十ある。これを我が為《ため》に伝録して戴《いただ》きたいのだ。何も、これに仍《よ》って一人前の詩人

> 面《づら》をしたいのではない。作の巧拙《こうせつ》は知らず、とにかく、産を破り心を狂わせてまで自分が生涯《しょうがい》それに執着したところのものを、一部なりとも後代に伝えないでは、死んでも死に切れないのだ。

この引用部の前半では、過去の時間の流れと現在の時間の流れが対照的に描かれています。過去の時間の流れは「元来」「曾て」という副詞に込められており、若き詩人として希望にあふれていた李徴の出発点が示されています。一方、現在の時間の流れは、「未だ」「固より」「まだ」「最早」「今も尚」という副詞に込められており、若い時代に抱いていた夢がいまだに実現されていない焦りと悲しみが示されています。

これにたいし、後半では自分が作ってきた詩を世に問いたいという李徴の強い思いが示されています。「何も」で、取り立てて大げさなことをしようという大それたことは考えていないことを示すと同時に、「とにかく」で、それでも「生涯」をかけて作ってきた詩をどんな形であれ、「一部なりとも」公表したいという思いを示しています。

文学者の優れた作品は、副詞の流れをたどっていくだけで、登場人物の心の軌跡を追えるようになっていて、精巧に作られていることがわかります。

アスリートの副詞

次に取りあげるのは、三島由紀夫が東京オリンピックの体操選手について書いた観戦記です。東京オリンピックといっても二〇二一年のものではなく、一九六四年のものです。

> オリンピックに勝つということは、苦しさの極致に生れる遊びなのだろう。そのときどれだけ完璧に、さわやかに遊べるかが、勝敗の分かれ目なのだろう。
>
> （「合宿の青春」『三島由紀夫スポーツ論集』佐藤秀明編、岩波文庫）

「オリンピックに勝つ」ことを「苦しさの極致に生れる遊び」として捉え、それを「完璧に」「さわやかに」遊べるレベルで勝敗が決まると捉えた観点が斬新です。

スポーツ関連で私の目に留まったのは、牛島和彦という中日とロッテで活躍したクローザーの言葉です。フォークボールを駆使した頭脳的なピッチングで、両球団で抑えの切り札として一九八〇年代を中心に活躍した野球選手です。

しかし、超一流の負けず嫌いは災いだけをもたらしたのではない。

プロ入りして、ある日のミーティング。現役時代「神様、仏様、稲尾様」と崇《あが》められた稲尾和久コーチが、「9回2死満塁、カウント2ストライク3ボールからどんな球を投げるか?」と投手陣に質問した。ほとんどの投手が自分の決め球を答えるなか、ただ一人、「わかりません」と答えたのが、ルーキーの牛島さんだった。

怪訝《けげん》に思った稲尾さんが理由を聞くと、「どのような状況で2—3になったかによって、投げる球も変わってくる。点差によっても投げる球は変わるし、一概には決められない」と牛島さんは答えたという。先輩後輩の上下関係が厳しかった当時としては、規格外の度胸の良さだ。

だが、この答えは奇しくも、稲尾コーチが、現役時代実践していた、組み立てから決め球を選ぶ投球術と一致しており、年間最多42勝の記録を持つ鉄腕・稲尾が、「こいつはプロで一流の投手になる」と太鼓判を押したという。

(https://gendai.media/articles/-/56888?page=2)

「一概には決められない」という答え方が、頭脳的なピッチングで鳴らした牛島和彦らしい

「いっしょうけんめいのんびりしよう」というのは、『ドラえもん』に出てくるのび太の有名なセリフですが、「いっしょうけんめい」と「のんびりする」という一見すると相性の悪そうな組み合わせが、その違和感ゆえに絶妙な効果を発揮している例です。

副詞というのは主観的な表現ですが、その主観性を逆用して、強いメッセージを発することもできます。次の例は、『通販生活』二〇一六年冬号（カタログハウス）の読者の投書にたいする『通販生活』の回答です。


戦争、まっぴら御免。

原発、まっぴら御免。

言論圧力、まっぴら御免。

沖縄差別、まっぴら御免。

　通販生活の政治的主張は、ざっとこんなところですが、こんな「まっぴら」を左翼だとおっしゃるのなら、左翼でけっこうです。


商業誌として、こうしたメッセージを載せるには葛藤もあったと思われますが、「まっぴら」という副詞の力を借りて、自らの政治的立場を全面に打ち出した回答です。読み手によって受け取り方は多様でしょうが、心に響く副詞であることは間違いありません。

もう一つ主観的な副詞を紹介しておきましょう。意外に思われるかもしれませんが、それは憲法です。法律は副詞とは無縁に思えるかもしれませんが、副詞が出てくることもあるのです。

> 公務員による拷問及び残虐な刑罰は、絶対にこれを禁ずる。（日本国憲法　第三十六条）

「拷問」と「残虐な刑罰」は、「絶対に」という副詞が使われるほど、厳しく禁じられているのです。日本国憲法の強い人権意識を感じます。

二〇一九年四月、東京大学の入学式での祝辞が波紋を広げたことがありました。新入生約三一〇〇人を前に祝辞を述べたのは、上野千鶴子東京大学名誉教授です。一部抜粋します。

> あなたたちが今日「がんばったら報われる」と思えるのは、これまであなたたちの周囲の環境が、あなたたちを励まし、背を押し、手を持ってひきあげ、やりとげたことを評

価してほめてくれたからこそです。世の中には、がんばっても報われないひと、がんばろうにもがんばれないひと、がんばりすぎて心と体をこわしたひと…たちがいます。がんばる前から、「しょせんおまえなんか」「どうせわたしなんて」とがんばる意欲をくじかれるひとたちもいます。

あなたたちのがんばりを、どうぞ自分が勝ち抜くためだけに使わないでください。恵まれた環境と恵まれた能力とを、恵まれないひとびとを貶《おとし》めるためにではなく、そういうひとびとを助けるために使ってください。そして強がらず、自分の弱さを認め、支え合って生きてください。

(https://www.u-tokyo.ac.jp/ja/about/president/b_message31_03.html)

がんばったら報われる東京大学の新入生と、がんばっても報われない多くの人々との対比が語られるスピーチでは、後者にたいして「しょせん」「どうせ」という低評価の副詞がつきまとうことが述べられています。「しょせん」「どうせ」という自己肯定感を損なう副詞が、どれだけこれまで多くの人の心を傷つけ、また自分自身をネガティブ思考に陥らせてきたか、考えさせられるスピーチです。

「しょせん」というのは見下す感じを伴うネガティブな副詞ですが、それを逆用して、ユニークな表現を作りだすことも可能です。最後にそれを紹介して本章を閉じることにしましょう。「全国米穀販売事業共済協同組合」の作ったコピーだということを意識して読んでください。

世の中に存在する
たいていの食べ物は
しょせんおかずだ。

「お米が一番！」というメッセージを「しょせん」一つでここまで見事に描きあげたコピーに感服するしかありません。

第8章

副詞と配慮

——「わざわざすみません。」

1．心遣いの副詞

感謝の気持ち――間接的に伝えることで効果が高まる

ここでは、聞き手や読み手に感謝の気持ちを表す、プラスの評価を示す副詞について考えます。正面切って「ありがとう」と言うだけが、感謝の表し方ではありません。相手の行動にたいするプラスの評価を示す副詞を使って間接的に相手に謝意を伝えることで、「ありがとう」の気持ちが相手により効果的に伝わります。人間関係にたいする配慮を表す表現として、とくに手紙やメールにおいて力を発揮しますので、頭に入れておきたい副詞です。

第1章の副詞の評価性で見たように、副詞は評価を添えて表し、副詞を用いて相手の行動を肯定的に評価する場合、相手を思いやり、ねぎらう気持ちが自然と出てきます。

・悪天候のなか、わざわざ会場まで足をお運びくださり、心から感謝申し上げます。

とすれば、「わざわざ」という副詞があることで、相手がかけてくれた労力にたいする「大変だ」という評価が加わり、それが感謝の気持ちとして伝わります。

また、誘ってくれた相手の誘いを断る謝罪の場合、

・せっかくお声がけくださったのに、前向きなご返事ができず、申し訳ありません。

のように「せっかく」という副詞があることで、相手が作ってくれた機会にたいする「貴重だ」という評価が加わり、期待に応えられない申し訳なさが相手により明確に伝わります。

なお、「せっかく」という副詞は、「〜のに」という逆接と、「〜のだから」という順接と典型的には共起します。

・せっかくお声がけいただいたのだから、思いきって参加してみたらどうかな。

のように、貴重な機会を生かす方向に文脈を展開させることも可能です。

次の例は「さすが」です。「さすが」はもともと高い期待を持っていたことにたいし、その期待を裏切らない事実を目の当たりにしたときに使う評価の副詞です。相手の行動に使えば、期待どおりであることを示せます。

・すばらしいデザインです。さすが、山田さん一押しのデザイナーさんですね。

デザイナーさんを見抜く相手のセンスを高く評価したことになりますので、言われた相手はきっと喜ぶでしょう。

ただ、気をつけなければいけないのは、「さすがに」と「に」がつくと、高い期待を持っていたことにたいし、度が過ぎたために期待外れになるという意味になりがちだということです。「さすがに」という形でも期待どおりという意味になることもありますが、異なる解釈を生みかねないので気をつける必要はあるでしょう。

・一日なら大丈夫だが、二日連続の徹夜はさすがにつらい。

相手にとって不都合な内容を表す場合でも、そこに「残念だ」という評価を加えれば、相手の気持ちに寄り添うことができますので、配慮の表現になります。そうした副詞に「あいにく」があります。

・あいにく禁煙のお部屋はすべて埋まっております。喫煙可のお部屋でもよろしいでしょうか。

気持ちを強める

感謝や謝罪、お願いやお悔やみに気持ちを込めたい場合、「本当に」「たいへん」という程度を強める副詞を使うのが一般的です。

・ご経験に基づく適切なアドバイス、本当に助かりました。
・至らぬ点が多く、たいへん申し訳ありませんでした。

しかし、「本当に」「たいへん」ばかり使ってしまうと、手軽な表現であるだけに単調になってしまい、気持ちが伝わらなくなってしまいます。そこで、感謝や謝罪、お願いやお悔やみを表す動詞とともに使うと気持ちがこもりやすいのが「誠に」「深く」「厚く」「謹《つつし》んで」「心から」といった副詞です。これらの副詞は大人の文章に必要な表現であり、ＴＰＯに応じて使い分けることが求められます。

・貴重な情報のご提供、誠にありがとうございました。
・このたびの件につきまして、深くお詫び申し上げる次第です。
・日ごろより格別のご高配をたまわり、厚く御礼申し上げます。
・お父さまの訃報に接し、謹んでご冥福をお祈りいたします。
・今後ともご理解、ご支援をたまわりますよう、心からお願い申し上げます。

手紙やメールなどで、感謝や謝罪、お願いの言葉などを、冒頭と末尾で繰り返して伝えることもあります。二度書いてしまうとくどくなってしまいますが、そのほうが意図が明確に伝わりますので、繰り返しは悪いことではありません。その場合、末尾のほうに「重ねて」「あらためて」という副詞を加えておくと、誠意が確実に伝わります。

・ご多用なか、迅速にご対応いただきましたこと、重ねて御礼申し上げます。

・このたびの当社の不手際につきまして、あらためてお詫び申し上げます。申し訳ありませんでした。

また、お願いのほか、よろしくと伝達してほしい場合、健康に気をつけてほしい場合に使える副詞として「どうぞ」「どうか」があります。両者ともほぼ同じ意味ですが、「どうぞ」のほうが一般的で、「どうか」を使うと懇願《こんがん》のニュアンスが加わります。

・ご両親さまにもどうぞよろしくお伝えください。

・寒さ厳しき折、どうかお身体をお大切になさってください。

「どうぞ」「どうか」は「よろしくお願いします」とのセットが多いのですが、「お気遣いなく」「ご心配なく」「お気になさいませんように」「お気に留められませんように」など、心遣い無用というときにも使えるとよいでしょう。

「どうぞ」「どうか」のかわりに、あるいは「どうぞ」「どうか」と組み合わせて、「くれぐれも」を使う方法もあります。強く気持ちを込めたいときに向く表現です。

・当日はお世話になりました。くれぐれもお礼をお申し伝えください。

強くお願いしたいときは「どうぞ」だと軽い印象が出る一方、「どうか」だと個人的に強くお願いしている印象が出ることがあります。そんなときに便利なのが「なにとぞ」です。

・ご多用の折、誠に恐縮ですが、なにとぞよろしくお願いいたします。

ここまでは、感謝や謝罪、お願いの言葉そのものに使う副詞でしたが、その直前に使う副詞として「ひとえに」「おかげで」「さぞ」が使われることがあります。

・こうして卒業論文が完成できたのは、ひとえに先生のご指導のたまものです。誠にありがとうございました。

・おかげで予定よりも早く契約に至ることができました。ご尽力に心から感謝申し上げます。
・ここに至るまでさぞご苦労がおありだったことと拝察いたします。にもかかわらず、つねに笑顔でご対応くださったこと、感謝に堪えません。

読み手に配慮を示す副詞としてここまで挙げてきたものは、「わざわざ」「せっかく」「さすが」「あいにく」「本当に」「たいへん」「誠に」「深く」「厚く」「謹んで」「心から」「重ねて」「あらためて」「どうぞ」「どうか」「くれぐれも」「なにとぞ」「ひとえに」「おかげで」「さぞ」のちょうど二十です。これらの二十の副詞が使いこなせると、それだけで大人の言葉遣いとなります。必要なときにこのページを参考にしてください。

2. ハラスメントにつながる副詞

直接的な暴言

近年、ハラスメントが問題になっています。ハラスメントは、する立場にも、される立場にも、見る立場にもなりたくないものです。

ハラスメントをしているつもりはなくても、自分の言葉が万一、ハラスメントとして受け取られたら大変です。反対に、ハラスメントの言葉を自分がぶつけられ、深く傷ついてしまうと、そこから立ち直るのは大変です。身近でハラスメントの訴えにつながりかねない案件があり、それについて判断を求められるのもまた、つらいものです。

ハラスメントの言葉がいわゆる暴言の場合、言われた側のショックは計り知れませんが、それがハラスメントであることは誰の目にも明らかですので、比較的対応はしやすいです。

・周りにどれだけ迷惑かければ気が済むんだ。
・ふざけんじゃねえよ。
・いちいち口答えするな。
・本当に使えないやつだな。
・給料ドロボーが何を偉そうに。
・こんなことまで教えないといけないの？

こうした乱暴な言葉であれば、イエローカード、否《いな》、レッドカードでしょう。

副詞による間接口撃

むしろ、ハラスメントの問題は、明確にハラスメントだといえるかどうか微妙な言葉遣いが多いことです。ハラスメントとも、そこまではないとも受け取れる微妙な言葉は、副詞のニュアンスによって左右されやすい点に特徴があり、とくにネガティブな語感の副詞によく見られます。いくつか例を挙げましょう。

次の「よく」には否定的な評価が入っています。「しょっちゅう」の「よく」でも、「悪い」の反対の「よく」でもなく、「よくもまあ」の「よく」です。感心しているフリをして皮肉を込めています。

・そんなんで、よく入社できたなあ。

人を見下す表現に「たかが」があります。「たかが〜の分際《ぶんさい》で」のように、人の地位に結びつけて低く見る語感のある副詞です。

・たかがパートの身で、アルバイトに指示を出さないでもらえないかな。

「無駄に」は、力の入れどころを間違えており、見当違いの努力をしているという意味で、嘲笑《ちょうしょう》している感じがあります。

・無駄に丁寧に書類を作ったところで、誰が喜ぶの？

同僚で「勝手に」「無断で」という言葉を使ってくる人がいたら要注意です。本当に「勝手に」「無断で」やっていたら越権行為ですが、周囲が困っているのに放置が続き、見るに見かねて手を出さざるをえないことはあるものです。

・私の許可なく、｛勝手に／無断で｝メールを送らないでくれる？

非難の意味も込めて「しょっちゅう」を使われるのもつらいものです。年休を取るのは労働者の権利のはずなのに、半年に数回年休を取っただけで、「しょっちゅう」と言われてへこむこともあります。

・また年休取得？　しょっちゅう取ってるじゃん。

有無を言わせない高圧的な「とにかく」にも悩まされます。とてもじゃないけれどもできない量の仕事なのに、否応《いやおう》なしにせざるをえない状況に追いこまれます。

・この仕事明日までだから、とにかくやって！

そして、その翌日には「当然」という副詞を使ってたたみかけてきます。

・昨日の午後、依頼した仕事、当然終わらせてくれたよね。

繰り返しを指摘されるのもつらいものです。

・えっ、また、メールの送信ミスしたの？
・それって、前にも言ったよね。
・次からは、そのやり方はやめてよね。

一見、ニュアンスが否定的には見えない副詞でも、使い方によっては、相手の胸に突き刺さる言い方になります。まずは「もっと」から。

・もっと早くできないもんかね。
・どうせやるなら、もっとうまくやってよ。
・いいよ。もっと優秀な派遣に来てもらうから。

「もう」も単独ではネガティブなニュアンスはありませんが、文脈次第でハラスメントの言葉になります。

・わかった。もう会社来なくていいぞ。
・時代について行けないのなら、もう現場は無理だな。
・もう後がないぞ。

ネガティブな評価を持つ副詞はハラスメントにつながりやすく、指摘もしやすいのですが、「もっと」や「もう」、ほかにも「そうか、だからまだ主任なのか」という「まだ」なども、文脈のなかで初めてハラスメント色を帯びてきます。ある言葉を使えばハラスメントになるのであればわかりやすいのですが、現実には文脈によって言葉の評価の意味は変わるので、ハラスメント認定は難しくなりがちです。

意外な一言で人は傷つく

何の気なしに言った一言で、人を深く傷つけてしまうことがあります。たとえば、「とりあえず、ビールで」とお酒好きの人のまえで言ったら、「とりあえずビールは、ビールに失礼だ」と返されたというエピソードが私の職場では語り継がれています。

また、ある高校生が電車のなかでしていた会話で、

・「ねえねえ、どこ受験するの？　どこか合格しそう？」
「最低でも、△△大学は受かりたいな」

という話を聞いた当該の大学の学生が、自分の母校を「最低でも」と言われてショックを受けたという話も耳にしたことがあります。

・簡単に冷やし中華でいいよ。

そう言われた主婦が作った冷やし中華の写真がツイッターに挙げられて話題となったことがありました。その冷やし中華は、ゆでられた麺のうえに、ゆで卵が丸ごと一個、洗っただけのキュウリを半分に折ったもの、ゆでた鶏肉の塊《かたまり》がごろんと一つ、ハムが一枚、載っただけものでした。冷やし中華を作るのは大変なことで、「簡単に」などと簡単に言わないでほしいというメッセージがよく伝わってくる冷やし中華でした。

ハラスメント事案として、あるサッカーチームの監督が、控えの選手の扱いについて、本人たちに聞こえよがしに、トレーナー陣にたいして言った一言が問題となりました。

・こいつら適当に練習させておいて。

この「適当に」という一言に、いかに控えの選手を軽く扱っているのかという気持ちがにじみでています。

身近な事例では、我が家の娘が、買ったその日に壊れたファスナーを手にして言った一言が印象的でした。

・さすが一〇〇円ショップ。

一〇〇円ショップには申し訳なく思いますが、痛烈な皮肉がこもった表現です。

私にも、学生からこんなメールが届きました。

・昨日、先生が教室にお忘れになった書類、私が預かっておりますのでお届けにあがります。明後日、国立国語研究所の図書室に調べたい本を見に行く予定があるので、ついでに先生の研究室に立ち寄ります。

私自身は、調べたい本のついでかあと、何とも言えない寂しい気持ちになりました。当の学生に聞いてみたところ、先生にできるだけ負担を感じさせないように言ったつもりで、本当はついでではなかったのだそうです。日本語の難しさを感じました。

第9章

副詞と文体

――「すごく？　とても？　きわめて？」

1．話し言葉と書き言葉

副詞の文体差——選択を間違えると強い違和感が

副詞は文体に敏感な言葉です。程度を強調する程度副詞を考えた場合、くだけたものからあらたまったものに並べると次のようになります。

すげえ＜すごい＜すごく＜とっても＜とても＜非常に＜きわめて

少量であることを示す程度副詞の場合は、次のようになります。

ちょっとずつ＜だんだんと＜すこしずつ＜次第に＜徐々に

大雑把な見積もりを表す程度副詞の場合は、次のような感じでしょうか。

　ざっくり＜あらあらで＜ざっと＜だいたい＜およそ＜概算で

　このように、文体差による微妙な使い分けがあるのが副詞の特徴です。そのため、あらたまった文章のなかに、くだけた文体の副詞が入っていると、強い違和感を覚えることがあります。接続詞も文体差が大きいのですが、第1章で見たように接続詞は広い意味での副詞の一種ですので、文章を書くときには副詞の選択に注意する必要があります。

　話し言葉的な印象を与えやすいものとして、情態副詞であるオノマトペがまず挙げられます。次の①〜⑥の下線のオノマトペを書き言葉らしく直してみましょう。

①前のランナーとだんだん差が開いてきた。
②信頼しているコーチに励まされると、やる気がどんどん満ちてくる。
③搭乗予定の成田行きの直行便に、ぎりぎり間に合った。
④社を代表して参加している以上、自社の立場をはっきり主張すべきだ。

⑤状況を十分に把握し、きちんと対応することが求められる。
⑥一二月になり、ぐっと冷え込みが厳しくなってきた。

①「だんだん」は話し言葉の実況中継には向いていますが、書き言葉では「次第に」「徐々に」のほうがより落ち着きがよいでしょう。

②「どんどん」は「ますます」とすることでやや書き言葉的になりますが、より書き言葉らしい表現を考えると、「一層」ぐらいが考えられそうです。

③「ぎりぎり」は「何とか」に変えても文体的にはさほど違いはなさそうです。「かろうじて」「間一髪で」ぐらいだと書き言葉らしくなります。

④「はっきり」は書き言葉でも使われることもありますが、より硬くするには「明確に」「明瞭に」ぐらいがよさそうです。

⑤「きちんと」は「ちゃんと」「しっかりと」に変えてもフォーマルな感じにはなりません。意味は若干変わりますが「適切に」「的確に」ぐらいがよさそうです。

⑥「ぐっと」は②と同様、「一層」とする方法もありますが、「一段と」という表現がこの文脈にはぴったりな印象です。

話し言葉的な副詞は、時間表現にも多く見られます。次の⑦〜⑫を見て、傍線部の副詞を書き言葉的な副詞に変えられないかどうか、考えてください。

⑦この地区には、清水がいつも湧き出す泉がある。
⑧ずっと行方不明だった指輪がベッドの隙間から出てきた。
⑨帰り道にときたま振り返って手を振ってくれたのが嬉しかった。
⑩仕事がたまたま早く終わったので、駅前の映画館で一〇年ぶりに映画を見た。
⑪少子化対策のために可能な施策はすぐ実施してほしい。
⑫深夜になっていきなりガトーショコラを作りたくなって、キッチンに立った。

⑦の「いつも」は文体的には「つねに」が入りそうです。もう一ひねりして「たえず」とすると、この文脈によりフィットします。

⑧の「ずっと」は「長いあいだ」と言い換えられそうです。それを副詞で言うと、「長らく」が適切でしょう。

⑨の「ときたま」は常識的には「ときどき」でしょうか。より深みのある表現としては

「ときおり」が考えられそうです。
⑩の「たまたま」の言い換えとして考えられるのは「偶然」です。もう一歩踏みこむと「思いがけず」のような選択も思いつきそうです。
⑪の「すぐ」を書き言葉らしいものにする場合、「ただちに」「速やかに」「迅速に」などが考えられます。
⑫の「いきなり」は「ふと」「突然」でもよいでしょうが、さらに書き言葉らしくするには「不意に」「突如」などが考えられそうです。

そのほか、よく見かける話し言葉的な副詞をおさらいしておきましょう。こちらの⑬〜⑳も傍線部の副詞を検討してください。

⑬今年の夏は例年と比べてわりと涼しいです。
⑭ご要望にはなるべく応えたいと思います。
⑮気温が下がり、乾燥が進むこの季節。インフルへの警戒がもっと求められる。
⑯進行によってはプログラムがちょっと前後するかもしれません。

⑰完成までにはけっこう時間がかかりそうな気配です。
⑱古都鎌倉の散策、食事、談笑。とにかく、友人同士でのんびりできた。
⑲睡眠は現代人にとって一番重要なテーマの一つ。
⑳この漫画のエピソードはだいたい実話です。

⑬の「わりと」は話し言葉的です。「わりあい」としても変わり映えはしませんので、「比較的」ぐらいにするとよさそうです。

⑭の「なるべく」は「なるたけ」と同様、話し言葉的です。「できるだけ」よりも「できるかぎり」、さらに「可能なかぎり」とすると、書き言葉的になります。

⑮の「もっと」は文体的にくだけすぎの印象です。「より」という副詞も考えられますが、「さらに」「一層」ぐらいが落ち着きがよさそうです。

⑯の「ちょっと」は「少し」という選択肢も考えられますが、「多少」のほうがさらによさそうです。

⑰の「けっこう」は話し言葉的なのですが、何に直すかは難しいところです。「だいぶ」「相当」「かなり」が考えられ、いずれも「けっこう」よりはよさそうです。

⑱の「とにかく」は気持ちを伝える表現としてはありうるでしょうが、より硬い表現としては「いずれにしても」「いずれにせよ」が考えられます。

⑲の「一番」もつい文章のなかで使いがちな副詞です。「もっとも」が一般的でしょうし、「きわめて」にする方法も考えられます。

⑳「だいたい」は、ややいい加減さを感じる言葉です。「だいたい」が何%ぐらいを指しているのかにもよるのですが、「おおむね」「ほぼ」「おしなべて」などとの言い換えが可能です。

話し言葉的な副詞を書き言葉らしく変える技術は、読み手に違和感を与えない文章を書くために必須です。ご自身の書く文章のなかでも注意を払うことをお勧めします。

漢語副詞の話し言葉化——和語よりもくだけた語感に

日本語には、もともと日本にあった和語、古来中国から渡ってきた漢語、近年欧米を中心に流入しつづける外来語の三種類の語種があります。「速さ」—「速度」—「スピード」、「きまり」—「規則」—「ルール」、「伝え合い」—「伝達」—「コミュニケーション」などが、和語・漢語・外来語の組み合わせの例です。

和語が書き言葉的、漢語が話し言葉的な副詞

和　語	漢　語
まったく	全然
すべて	全部
はるかに	断然
かならず	絶対

和　語	漢　語
おそらく	多分
もっとも	一番
おおよそ	大体
ねんのため	一応

そのうち、和語は話し言葉的、漢語は書き言葉的になりやすいとされます。たしかに、「速さ」よりも「速度」、「きまり」よりも「規則」、「伝え合い」よりも「伝達」のほうが書き言葉的なように思えます。

ところが、副詞ではしばしば逆転現象が起きます。和語のほうが書き言葉的、漢語のほうが話し言葉的になるのです（石黒二〇〇四）。それらを表にして示してみましょう。

名詞の場合、対象を指す言葉なので、意味が変わりにくい傾向があります。これにたいし、副詞の場合、明確な対象を指す言葉ではなく、気持ちを表す言葉なので、たくさん使われるうちにすり減り、元の意味が変わっていく傾向があります。

もともと名詞であった「是非」は、いまでも「増税の是非を問う選挙」のように、イエスかノーかという意味

は残っていますが、「是非来てください」のような願望の陳述副詞になり、「ぜひ」と平仮名で書かれることも多くなると、文体も話し言葉に近づきます。
「結構」も、もともとは構造を意味する言葉でしたが、今では「けっこう」という程度副詞として話し言葉のなかに定着していますし、「超」も「超伝導」「超新星」のように名詞の内部では硬い言葉ですが、「超おもしろい」「超むかつく」のように副詞として使うようになると、くだけた語感が生じます。
漢語は副詞になると話し言葉に近づくということも、文章を書くうえで頭に入れておいたほうがよい知識です。

意味の希薄化――「ある意味」「逆に」「適当に」

「ぜひ」「けっこう」で見たように、副詞になると使い減りし、意味が薄まるという現象が起きるのですが、これはほかの副詞にも見られる現象で、とくにオフィスのなかで観察されます。

・{ちょっと／一瞬}いい？

と上司に呼ばれて行ってみたところ、「ちょっと」や「一瞬」のはずが、三〇分以上付き合わされたことはないでしょうか。

・一応、お伝えしておきます。
・とりあえず、今日一日がんばりましょう。

と言われて、何が「一応」で、何が「とりあえず」なのか、戸惑ったことはないでしょうか。

・社内で問題になったのは、ある意味、よかったと思います。
・そこまでほめられると、逆にやばいよね。

「ある意味」や「逆に」もよく使われますが、「ある意味」がどのような意味か、「逆に」の何と何が逆か、はっきりしないまま使われます。

・適当にやっておいてくれる？

上司や先輩に言われるこうした「適当」ほど、戸惑うものはありません。「適当」は本来適切という意味のはずですが、副詞で「適当に」として使われると、いい加減の意味にもなります。いい加減と言っても、この場合は手を抜いてもよいという意味ではなく、ちょうどよい加減ということでしょう。しかし、そのようにやり方だけ任されても、あとで上司から結果だけを問われることになり、言われたほうが苦痛でしょう。

副詞を使ったコミュニケーションは、このように意味がはっきりしないことが多くなりがちなので、自分の口癖になっている意味のない副詞には自覚的になる必要があります。

畳語の副詞――「ほぼほぼ」「まだまだ」「ついつい」

「ほぼほぼ」というのはいつごろ定着した語でしょうか。以前は「ほぼ」としてしか使われなかった語ですが、最近ではよく耳にするようになりました。それにともなって「ほぼほぼ」は意味が拡大しつつあるようです（近藤二〇一九）。

「ほぼ」は完全に近いという意味であり、

・新幹線の駅舎がほぼほぼ完成している。

のように使われれば、「ほぼ」と同じ意味ですが、

・駅ナカのお弁当はほぼほぼおいしそうに見える。

の「ほぼほぼ」は、「ほぼ」というよりも、「だいたい」という意味になっています。つまり、「ほぼほぼ」と重ねることで、「ほとんど」という意味から「だいたい」という意味に広がっていくわけです。

副詞の語形は「ほぼほぼ」に限らず、反復語形が多いのが特徴です。「まだ」を重ねた「まだまだ」、「ただ」を重ねた「ただただ」、「つい」を重ねた「ついつい」などは反復することで気持ちがこもる印象です。同じ語形を繰り返して作る語を畳語《じょうご》といい、オノマトペを作るときに活用されますが、オノマトペに限らず、「まあまあ」「たまたま」「ますます」「ほどほど」「たびたび」「だましだまし」など、畳語によって副詞になるものは多く見られ

ます。

接続詞には「だがしかし」のような二重使用があることは知られていますが、副詞でも「まず最初に」「二度と再び」のような重複はしばしば見られます。また、「ようやく」と「やっと」が結びついた「ようやっと」のような語形が見られることもあります。運転免許試験場でよく見かける「ヒヤリハット」運転のようなものも、この仲間と考えることができるでしょう。

2. 副詞と俗語

短くなる語形――「都度」「結果」「原則」「究極」

話し言葉の副詞は実質的な意味が薄まり、形が変わる傾向があります。形の変わり方は、先ほど見たような反復による畳語もあるのですが、反対に、言いやすいように言葉を短くするものが話し言葉では増える傾向にあります。とくに、前につく「その」と、後につく

「的」が落ちやすく、それによって二字漢語の語形のみで示される語形が多いです。

次の例では、「その都度」の「その」、「その結果」の「その」、「その瞬間」の「その」が脱落しています。

・旦那に都度報告。
・結果、感染が拡大した。
・瞬間、口のなかをやけどした。

こうしたものは、「ピーナッツがまんま入ってる」の「まんま」や、「あげく、収入を失い、生活が破綻した」の「あげく」のように二字漢語以外でも見られます。この種のものは最近しばしば目にしますが、硬い書き言葉では避けたほうがよいでしょう。

一方、「的」が落ちるのは次のようなものです。「基本的には」「原則的には」「理想的には」「実質的には」「究極的には」が短くなったものです。「原則」は「原則として」の省略形と考えることも可能です。

・基本、賛成。
・原則、公開。
・理想、優勝。
・実質、無料。
・究極、嬉しい！

そのほかにも、次のようなものが似たタイプになりそうです。

・正直、イタいせりふ。（正直言って／正直な話）
・断固、反対する。（断固として）
・速攻、問題解いて寝た。（速攻で）

短い語形は若い世代で好まれます。次の例文の「秒で」「とりま」「ぎり」「即」など、若い世代の会話でよく耳にする副詞です。

・いい布団なら、秒で寝落ちできるわ。
・昨日買った本、とりま読了。
・締切五分前で、ぎりセーフ。
・ばれたら、即クビ。

偽悪副詞――「鬼」「くそ」「ど」「ばか」

若い世代は、仲間内で悪い言葉を使うのがかっこいいと感じる時期があります。その代表が「鬼」「くそ」「ど」「ばか」ではないでしょうか。接頭辞に近いものも含みますが、これらを偽悪副詞と名づけ、順に見ていきましょう。

「鬼」は、もともとは「激」に近い感じで使われます。文化庁の二〇二一年の調査では、使う人は五％程度に留まっており、まだ広く普及しているわけではないようですが、比較的耳にすることは多い副詞です。悪い意味でも使われますが、次の例の「強い」「うまい」のほか、「かわいい」「賢い」など、比較的よい意味の形容詞と使われることが多く、「鬼」自体に悪い意味は含まれていないと考えられます。左記の例の「鬼努力する」のように、動詞とともに「鬼のように」という意味で使われることもあります。

・この前見たホラー映画、鬼怖かった。
・一流選手は、メンタルが鬼強い。
・鬼うまいスープに癒やされる。
・才能のないやつは鬼努力するしかない。

「くそ」は「鬼」とは異なり、悪い意味で使われやすいです。次の例のような感じであり、「クソ」と片仮名表記されるものも見受けられます。

・今日はマジ、クソ暑い～！
・クソだりいな。
・あいつ、くそまじめなやつだな。
・規則正しい生活になって、肌がくそきれいになった。

「くそきれい」というのは例外的によい意味で使われ、汚いという意味の「くそ」と、「きれい」をあえて重ねることで、違和感による効果を狙っているものと思われます。

「ど」は、程度副詞というよりも程度接頭辞というべきものでしょうが、広く使われています。ざっと並べると、「ど田舎」「ど根性」「ど真ん中」「どでかい」「ど派手」「どぎつい」「どあほ」「どピンク」「ど素人」「どへた」「ど迫力」「ど貧民」「ど近眼」「どけち」「ど演歌」「どM」「超ど級」「どアップ」「どん底」「どん尻」「どん引き」となります。

「田舎」「演歌」「アップ」など、本来はとくに悪い意味がなくても、「ど」がつくと「ど田舎」「ど演歌」「どアップ」と「どぎつく」なってしまいます。我が家では、昆虫の幼虫が成虫になる過程でサナギを経る、小学校の理科で習う「完全変態」という言葉を、姉が妹に「完全ど変態」と「ど」入りで教えており、親として頭を抱えてしまいました。

しかし、なかには「ど迫力」「超ど級」のようにかならずしも悪いニュアンスを持たないものも混じっています。

「ばか」は、むしろ若い世代では廃《すた》れてしまった、現在ではあまり生産性のないグループです。「ばか丁寧」「ばか正直」「ばかでかい」のような形容詞との組み合わせのほか、「ばか騒ぎ」「ばか当たり」のような動名詞との組み合わせが見られる程度です。

「鬼」「くそ」「ど」「ばか」のように、悪い意味の言葉を副詞のように使い、程度を強調する用法が、若い世代を中心に見られます。それをここでは偽悪副詞と呼んで考察してきました。

副詞の力み――「いっつも」「とっても」「すんごく」

こうすれば副詞になるという決まった形はないのですが、副詞らしい語形というのがあります。それは、促音《そくおん》の「っ」が入り、それに「と」がつく形です。「もっと」「ずっと」「きっと」「ちょっと」「やっと」のようなものがすぐに思い浮かびます。この形の副詞はどれも使用頻度が高いのが特徴で、日本語らしい副詞だといえそうです。

　また、力を込めて副詞を発音したい場合、促音の「っ」が入る傾向があります。一拍分、息を止めて発音することで、その部分に気持ちがこもるのでしょう。「やはり」が「やっぱり」に、「いつも」が「いっつも」に、「とても」が「とっても」になるのがその例です。「絶っ対」のようにもともと促音の「っ」があっても、さらに重ねて入れて強調することもあります。

　促音の「っ」を入れて気持ちを込める言い方は形容詞にも見られ、「やばい」「うまい」「あつい」などを「やばっ！」「うまっ！」「あつっ！」などと言うことで、その瞬間の驚きの感情を表現することができます。もちろん、この種の手法はあからさまなので、やや俗っぽくなる点には注意が必要です。

オノマトペにおいて、「しっとり」「さっぱり」「すっきり」「きっぱり」のように、促音の「っ」を入れて「り」で終わる語形も確立されています。同様のパターンでは、促音の「っ」のかわりに撥音《はつおん》の「ん」を入れるものもあります。「ふんわり」「にんまり」「やんわり」などがその例です。副詞に促音の「っ」を入れて感情を込める言い方は先ほど見ましたが、「あまり」を「あんまり」、「すごく」を「すんごく」のように、撥音の「ん」を入れて気持ちを込める言い方も見られます。

第10章

副詞と社会

――「せっかく神様がいるのなら……」

1．異次元の副詞

「極限の強さ」を持つ人々

第10章では、社会のなかで使われる副詞について論じます。

まずは、「異次元の副詞」ということで、超人的な能力を持つ人のことを周囲がどのように形容するのかを見るところから始めましょう。

超人的な能力は一朝一夕に身につくものではなく、たゆまぬ努力を日々続けた結果として身につくものですが、そうした人はとくにアスリートに多い印象があります。

たとえば、野球の二刀流として知られ、ＭＬＢでＭＶＰを満票で獲得した大谷翔平、フィギュアスケート男子シングルで六六年ぶりの五輪連覇を果たした羽《は》生《にゅう》結《ゆ》弦《づる》、体操男子個人総合でやはり五輪連覇を達成した内村航平、女子レスリング個人で世界大会一六連覇、個人戦二〇六連勝を記録した吉田沙保里《さおり》など、一時代を築いた選手の現役時代のピークを形容する場合、普通の形容詞では表現しきれず、極限の強さを表す副詞をつけることで、異次元の強さを表現することが容易に想像されます。

ここで取りあげるのは、将棋の棋士、藤井聡太です。加藤一二三《ひふみ》、谷川浩司《こうじ》、羽生《はぶ》善治《よしはる》、渡辺明に続く五人目の中学生棋士となった藤井聡太は、日本将棋連盟のプロ棋士養成機関である奨励会を勝ち抜いて、二〇一六年に史上最年少（一四歳二カ月）で四段プロデビューを果たすと、そこから破竹の二九連勝を成し遂げます。

それまでの連勝記録は神谷《かみや》広志《ひろし》五段（当時、現八段）の二八連勝であり、その記録をプロになってから一度も負けずに達成したことで、将棋界にとどまらず、世間の広い注目を集めました。読者のみなさまがいつ本書を手に取るかわからないので、はっきりしたことは言えませんが、おそらくいつ手に取られても、きっと将棋界最強の棋士としていくつものタイトルを保持していると予言できる、そのぐらい強い棋士です。

ライバルたちが藤井聡太を評するときの「ちょっと」

その藤井聡太の強さを周囲のライバル棋士がどのように評しているのかを探ってみました。

すると、面白いことがいくつも見えてきました。まず、興味深かったのは、ライバル棋士たちが藤井聡太の強さを「ちょっと」と評している点です。

大の詰め将棋好きで、終盤力にはトッププロのなかでも定評のある斎藤慎太郎八段の評価は次のとおりです。

・「詰みに向かう一歩手前のところ、そこを読み切るスピードがちょっと違うなと思いました。それこそ谷川浩司先生のような感じでしょうか」

(https://bunshun.jp/articles/-/38858?page=2)

終盤力で知られる斎藤八段が「ちょっと違う」と言うのですから、その「ちょっと」は並の「ちょっと」ではないでしょう。トッププロのなかでも頭一つ抜けた「ちょっと」のはずです。

また、藤井聡太のまえの中学生棋士、ヤクルトスワローズの大のファンとしても有名な渡辺明名人の評価は次のとおりです。

・「タイトルを目指そうという新人がデビュー直後に勝率7、8割以上勝つのは当たり前なんです。藤井君が8割程度なら棋士間で評価は得られるものではありませんでした。9割を超えると『ちょっと違うな』と思うようになりますが、デビューから負けずに29連勝したわけですからね。驚きました。プロ野球に例えるなら並の新人王の成績では当然なくて、高卒で3割30本を超えるレベルです。2割8分20本程度じゃない」

(https://bunshun.jp/articles/-/38858?page=4)

野球にたとえるあたりが渡辺名人らしいところですが、藤井聡太の強さを村上宗隆《むねたか》レベルと見ているのかもしれません。

さらに、二人目の中学生棋士であり、光速流《こうそくりゅう》として終盤の強さに定評のあった谷川浩司十七世名人はこのように述べています。

・「朝日杯での優勝は、藤井さんが最年少で棋士になった時、史上最多の29連勝を達成した時とも、ちょっと質が違うものなんです。全棋士の中で一番になるということですから。まだまだ棋戦優勝するのは先だろうと誰もが思っていて、私も同じでしたけど、現実になった。突きつけられた現実を、ひとつ上の世代の人たちは自分のこととして捉えないといけないだろうという思いがありました」

(https://bunshun.jp/articles/-/38858?page=5)

興味深いのは、当代のトップ棋士三名が異口同音に「ちょっと違う」と評している点です。なぜ「大きく違う」ではなく「ちょっと違う」なのでしょうか。この点は北浜健介八段の次のインタビュー記事内の説明でよく理解できます。

・「NHK杯というのは、通常の持ち時間が各6時間なのに対して、各20分という『早指し』対局なんです。ですから、じっくり考えながら指すことはできないのですが、そんな中でも『フツーに強いな』って感じたんですよ」

――「フツー」ですか？

「将棋の世界では指してみて『あ、大したことないな』と思ったら自分と同じくらいで、『ちょっと強いな』くらいに感じたら、それは自分より相当強い、というものなんです。だから、『フツーに強い』と直感したときにはもう『相当強い』と覚悟はしてたと思います」

(https://bunshun.jp/articles/-/38858?page=3)

北浜八段が語るように、「ちょっと強い」「フツーに強い」は相当強いなのです。将棋のプロ棋士は、幼いころは誰もが天才と呼ばれてきた、抜きんでた才能を持つ人たちです。自分は誰よりも将棋が強いと信じていて、負けん気のかたまりのような人たちです。そうした人たちが語る「ちょっと違う」は程度が違うと考えられます。大げさではない、むしろ控えめな表現のなかにこそ真実が宿っているように感じられます。

副詞に見る藤井聡太の「強さの秘密」

さらに、藤井聡太の強さの秘密をプロ棋士の言葉から読み解いてみましょう。

髙野《たかの》秀行《ひでゆき》六段は、藤井聡太がデビュー戦から連勝を重ねていた当時、「性能の良いマシンが参戦すると聞き、フェラーリやベンツを想像していたら、ジェット機が来たという感じ」と評したことで知られます。実際に対局してみてどうだったかと記者に感想を聞かれ、次のように答えています。

・「今から考えれば『失礼なことを言ったかもしれないですが、あながち間違った表現ではなかったかなと思います。今日は私もちょっとだけジェット機に乗せてもらえ楽しく旅ができました』くらいのことを言いたかったですね（笑）」

(https://bunshun.jp/articles/-/38858?page=4)

何ともユニークな表現ですが、「あながち間違った表現ではなかったかな」の「あながち」に対局をしてみた実感がこもっています。「ちょっとだけジェット機に乗せてもらえ」の「ちょっとだけ」にも同種の実感がこもっているかもしれません。

阿《あ》久《く》津《つ》主税《ちから》八段は、対局姿勢の謙虚さに驚かされたと言います。

・「高校生には見えないですよ。大人より大人っぽい。落ち着いてるっていうか。あれだけ注目を浴びつつ勝っているなら、普通は自信満々がチラッとでも垣間見えるものだと思うんです。だけど微塵《みじん》もそういう気配がないんです。謙虚、という姿勢に驚きました」

(https://bunshun.jp/articles/38860)

自信が「チラッと」でも垣間見えず、「微塵も」そういう気配がないという謙虚さに、阿久津八段は藤井聡太の強さを見いだしています。

藤井聡太が初タイトルを獲得するまで、最年少タイトル獲得記録保持者であった屋敷伸之九段は、藤井聡太の強さを次のように見ています。

・「すごく丁寧です。よい局面でもじっくり辛抱できるし、勝ちを急ぎません。勝負しないといけないときは勝負しますけど、ゆっくり指して差を拡大していく感じです。派手な順や決めにいく手は見えているんでしょうけど、色んなことを考えたすえに確実に勝ちにいくイメージです」

(https://bunshun.jp/articles/38860?page=2)

「すごく」丁寧、「じっくり」辛抱、「ゆっくり」指して、「確実に」勝ちに行くというイメージで藤井聡太の強さを捉えています。攻撃的な気風で、一直線に勝ちに行くイメージがありますが、じつはそうでもなく、じっくり勝ちに行く安定感が強さの秘訣であると見ているようです。

もう一度、渡辺明名人にご登場いただきましょう。野球だけでなく、ヨーロッパのサッカーリーグを愛する渡辺名人は、藤井聡太の強さをサッカー選手にもたとえています。

・藤井君の将棋も戦術に型のようなものがなく、言わば何でもありなんです。サッカーでは結果が出なくても10試合くらいはある程度、メンバーを固定して戦うことが多いですが、藤井君の将棋は既に戦術眼の広さを見せています。サッカー選手のポジションで言えば『8番』のような前線の攻撃型の選手なんですけど、守備をしてもうまくて何でも出来てしまうから、1人で全部やっちゃうような選手と言えばいいでしょうか。いろんなふうに論じることが出来る将棋だと思います

(https://number.bunshun.jp/articles/-/844051?page=3)

藤井聡太の将棋は「言わば」なんでもありで、「既に」戦術眼の広さを見せ、攻撃も守備

もうまくて「何でも」できてしまうから、一人で「全部」やっちゃうような選手という見立てです。オールラウンダーで「一人で全部やっちゃう」という総合力を高く評価していることがわかります。

また、谷川浩司十七世名人は、藤井聡太との対局を振り返って観戦記を書き、藤井聡太の強さを探っています。

> 再開時刻の15分ほど前に対局室に戻ると、藤井さんはすでに盤の前で考えにふけっていた。彼はずっと盤面に集中している。少し前傾姿勢で脇息《きょうそく》にもたれかかることもあったが、集中が途切れる様子はまったくなかった。
>
> あれだけ長考が続いたら、せめて休憩の間は一息入れて頭を休めたいと思うのが自然だと思うが、ずっと盤の前で沈思黙考している。もちろん、若さもあるだろう。それにしてもケタ外れの「頭の体力」である。何時間考えても疲れないのだろうか。
>
> その姿を見てまず私が感じたのは、藤井さんは「将棋がとてつもなく好きだ」ということだった。もちろん、将棋が好きではない棋士はいない。しかし藤井さんの場合は、その「将棋好き」が突出していて、それがそのまま「考えることが好き」ということに

直結している。

考えることによって、将棋の奥深さを自分の力で理解しようとしている。つまり、将棋というゲームはそう簡単に結論が出ない、最善の一手はたやすく発見できるものではない、ということを十分にわかっているのだ。

藤井さんはプロデビュー後、公式戦29連勝の新記録を積み上げていた時、取材に対してこう語っていた。

「将棋に対する思いはずっと変わらないです。ずっと好きで自然にやってきた感じです。将棋を指したくないとか、駒に触れたくないとか思ったことは一度もないです」

何気ない言葉のように思えるが、「一度もない」ということは、考えてみればかなり特異なことではないだろうか。それだけ将棋に魅せられているということだろう。

(https://gendai.media/articles/-/83206?page=2)

非常に副詞の多い文章ですが、とくに注目したいのは「ずっと」です。前半に出てくる「ずっと」は、「ずっと盤面に集中している」と「ずっと盤の前で沈思黙考している」の二つであり、それを谷川十七世名人は「将棋がとてつもなく好きだ」と「とてつもなく」でまとめています。

これにたいし、後半に出てくる「ずっと」は、「将棋に対する思いはずっと変わらない」と「ずっと好き」の二つであり、こちらは将棋と距離を置きたいと思ったことが「一度も」ないとまとめ、それを谷川十七世名人は「考えてみればかなり特異なこと」と考え、「それだけ将棋に魅せられている」と結論づけています。藤井聡太がいかに将棋が好きかということを「ずっと」という副詞に託す説明に説得力を感じます。

「いつの間にか」に示される異次元の強さ

では、藤井聡太が将棋を指している局面を、ライバル棋士たちはどのように評価しているのでしょうか。将棋では、対局室で真剣勝負を繰り広げている棋士の将棋がモニターで控え室に中継されるので、東京や大阪の将棋会館の控え室に集まった仲間のプロ棋士が、中継される盤面を確認しながら、ああでもない、こうでもないと指し手を考える検討がよく行われます。

次の文章は、持ち時間がなくなって、一手を一分以内で指さなければならなくなるいわゆる一分将棋という短時間のなかで、次々と繰りだされる手のすごさに、控え室のプロ棋士一同、感嘆の声を上げている場面です。「なるほど」という副詞のオンパレードに藤井聡太の読みの確かさが反映されています。

藤井は歩の手筋を駆使して、飛車を打ち込み、差を広げていく。すごかったのは藤井が1分将棋になってからだ。

控室の佐藤や島の声を拾ってみよう。

左辺ばかり攻めておいて一転右辺に、歩の叩きで形を乱して控えの桂の手筋を放つ。

「こっちから？　なるほど、この桂が明るいですか」

藤井が飛車も竜も捨てて、わずか8手で飛車を2枚とも相手の駒台に乗せると、

「えっ怖くないの？　そうか確かに寄せのスピードは断然速いか」

「えっ角じゃなくて歩を打つの？　なるほど、と金ができるのが大きいか」

「えっ角の王手？　玉を逃さないの？　なるほど、と金のにじり寄りがきついのか」

「えっ銀打ちの詰めろではなくて桂跳ね？　なるほど、詰めろかける必要もないし全軍躍動ですか」

佐藤に島という歴戦の雄を唸《うな》らせる手を1分将棋で次々繰り出すのだからおそろしい。

どんなに厳しい批評家も、藤井の前ではただの観客になる。我々は藤井の見事な寄せを見守るだけだった。

(https://bunshun.jp/articles/-/54190?page=5)

もう一つ見ておきましょう。ここでも、藤井聡太の試合巧者ぶりが際立っていることが副詞から見てとれます。

２０２０年度はタイトルを２つ、全棋士参加棋戦も２回優勝と、29連勝したデビュー年度以上に充実した１年を送っている藤井王位・棋聖だが、その勢いはさらに増すばかりだ。本局では、タイトル経験もある実力者・中村七段と、相《あい》掛《が》かりの一局を選択。序盤から積極的に持ち時間を使うと、互角の中盤を経由。終盤では中村七段の攻めをしっかり受け止めてから、確実にリードを拡大した。中継していたＡＢＥＭＡの解説陣も「いつの間にか差がついていた」と表現するほど、自然な流れの中で一気に勝負をつけた。なお、順位戦としては21連勝、通算39勝１敗というパーフェクトに近い成績で、自身の昇級に華を添える形となった。

(https://times.abema.tv/news-article/8649612)

序盤では「積極的に」持ち時間を使い、中盤は互角で推移。そして、終盤では相手の攻めを「しっかり」受け止め、「確実に」リードを拡大します。「いつの間にか」差がついていたと評される力強さで「一気に」勝負をつけるのです。藤井聡太の将棋の解説でよく出てくる言葉はこの「いつの間にか」です。

最近はＡＩの進化により、将棋の局面の評価が的確にできるようになり、ある局面でどちらがどのぐらい優勢なのか、その形勢がグラフで表されるようになっています。そこで言われるのは藤井曲線です。藤井聡太の完勝《かんしょう》譜《ふ》ではグラフがなだらかに上昇していきます。

悪手《あくしゅ》を一手でも指すと、グラフは激しく上下動をし、その曲線は乱れてしまうものです。ところが、藤井聡太が悪手を指さないので、徐々に有利になっていき、その曲線が上下することはないのです。それが藤井聡太の強さの秘訣であり、「いつの間にか」と評されるゆえんなのです。

藤井聡太自身は自らの強さをどう感じているのでしょうか。それはわかりませんが、少なくとも将棋にたいする姿勢はわかります。「願い」というテーマで、「将棋の神様にお願いできることがあれば、何を願いますか」という質問にたいし、他の棋士が「全部の対局を勝ちにしてほしい」「将棋を強くしてほしい」などと答えるなかで、藤井聡太は一人、このように答えます。

・「せっかく神様がいるのなら一局、お手合わせを願いたいなと思います」

(https://www.youtube.com/watch?v=HTrayReXuJU)

この回答は秀逸です。神様と対局しても、その強さを吸収し、自分のものにしようとしているのです。異次元の強さは、一人レベルが異なる心構えにあることが、この「せっかく」という副詞に表れています。

2. 政治の副詞

政府の「スタンスの副詞」

副詞というのは表現を支える大事な言葉ですが、その副詞の評判をいちじるしく下げている存在があるのをご存じでしょうか。それは政治家です。政府の答弁に見られる副詞の評判がかんばしくない理由は単純です。使われている副詞が中身を伴っていないからです。

政府が答弁に使う副詞の中心は属性副詞です。属性副詞は情態副詞と程度副詞に分かれるわけですが、とくに情態副詞が多い特徴があります。

情態副詞は動詞を修飾し、どのように行動するのかというＨｏｗを示すものです。しかし、Ｈｏｗには大きな問題があります。何をするのかというＷｈａｔ、つまり目的語となる名詞がないという問題です。また、かりにＷｈａｔがあったとしても、どこまでという一つ上の次元のＨｏｗがないことが問題です。

その結果、情態副詞で何かをやるという姿勢だけを見せて、実際にはやらずに済ますという行動になってしまうのです。姿勢だけ見せて、やるかどうかについてはぼかす副詞を「スタンスの副詞」と名づけておきます。

大臣など、政府関係者の答弁にありがちな「スタンスの副詞」を列挙しておきましょう。「速やかに」「早急に」「大胆に」「慎重に」「段階的に」「毅然と」「極めて」「厳重に」「着実に」です。それを聞いた私たち有権者の内なる声も（　）で示しておくことにします。

・対応策を速やかに検討してまいります。
（「速やかに」検討するのだから、実施までは相当時間がかかるのだろうなあ）
・具体案を早急に取りまとめてまいります。
（「早急に」取りまとめるのでも、各方面への調整も含め、時間がかかりそうだなあ）
・産業転換に大胆に取り組んでまいります。
（「大胆に」取り組むと言っても、実行は局所的に留まるんだろうなあ）
・因果関係を含め、慎重に調査してまいります。
（「慎重に」というのは態度が後ろ向きで、きっと何もするつもりがないのだなあ）

・脱炭素を段階的に進めてまいります。
（「段階的に」だから、当面は状況が許さず無理ということなのだろうなあ）
・毅然と対応してまいります。
（「毅然と」と言っても、取り合わないことが毅然とした対応なのだろうなあ）
・極めて遺憾であり、厳重に抗議します。
（「極めて」「厳重に」という強い姿勢は、国内向けのパフォーマンスなのかなあ）
・取り組みを着実に進め、改善を図ってまいりたい。
（「着実」とある以上、すぐの結果は期待するなという含意なのだろうなあ）

なぜこのような「スタンスの副詞」が永田町で愛用されるのかというと、ウソにはならないからです。「何をどこまでやるか」については明言していないため、言質《げんち》は取られません。姿勢というのは過程にすぎず、結果は問われない点が重要です。たとえ手を抜いていても、一生懸命努力したと言えば、それでつじつまが合うのです。

そうした行動の背景には、霞が関の官僚の言葉遣いがあると思われます。誤解のないように申しあげておきますが、霞が関の官僚の多くは自らの業務に誠実に取り組みます。有言実行が徹底されており、一旦口にしたらかならず実行します。だからこそ、安請け合いはせず、できる範囲でのことしか口にしないため、このようなウソにならない「スタンスの副詞」が増えてしまうのです。

その意味で、私たちは「スタンスの副詞」に込められた含意を読み取り、政府の本気度を測るリテラシーを身につける必要があります。私たちは政治のこととなると「どうせ何も変わらない」という「どうせ」で語りがちですし、「スタンスの副詞」を聞くにつけ、空虚感と無力感にさいなまれがちですが、政治家がしたたかなものである以上、有権者である私たちもしたたかである必要があると思うのです。

政治家の「ポーズの副詞」

「スタンスの副詞」は政府関係者の答弁に見られるものであり、政治家である大臣も、行政の実務に携わる官僚も使うものですが、政治家が自らの失言や失策を取り繕うために使う副詞はやや色合いが異なります。それをここでは「ポーズの副詞」と呼んでおきます。

「スタンスの副詞」はいわば永田町や霞が関の文化ともいえるもので、やむをえない面もあるのですが、政治家の用いるこの「ポーズの副詞」は、問題がより深刻です。順に例を挙げていきますが、こちらについても（　）内に有権者の独り言を加えておくことにします。

・国民の理解が得られるよう、丁寧に説明していきたい。
（国民が求めているのは「丁寧な説明」ではなく増税をしないことだけどなあ）
・任命責任を重く受け止めている。
（口で言うのは簡単だけど、「重く」受け止めても何も対応しないのかなあ）
・職責をしっかりと果たしてまいりたい。
（「しっかりと」果たすって、あれだけの不祥事があってもまだ辞めないのかあ）
・国民各層の厳しいご批判にも謙虚に耳を傾けていきたい。
（「謙虚に」耳を傾けた結果、右の耳から左の耳へ抜けていくのかなあ）
・訴状を確認のうえ、真摯に対応していきたい。
（「真摯に」対応すると言っても、歩み寄ることはないんだろうなあ）

「丁寧に」「重く」「しっかりと」「謙虚に」「真摯に」に共通している点は、自分に瑕疵《かし》があったにもかかわらず、何も変わろうとしないという態度です。「ポーズの副詞」というネーミングは、何も変わろうとしない政治家の姿勢にたいしてつけたものです。

「丁寧に説明していきたい」に典型的に表れているように、自分たちが説明の中身を変えようという気がないのです。有権者は政策や法案を十分に理解しているから反対しているのです。考え方を変えてくれることを望んでいるのです。それなのに、丁寧な説明に固執する姿勢に、永田町との温度差を感じざるをえません。

マスメディアの副詞使用の問題点

政府や政治家の副詞使用について述べてきましたので、マスメディアの副詞使用についても少し言及しておきましょう。次の記事を読んでください。

> 12月26日放送の『めざまし8』（フジテレビ系）で、前日の25日に投開票が行われた宮崎県知事選挙について報道。現職の河野《こうの》俊嗣《しゅんじ》氏（58）が4期目の当選確実を決め、落選となった前知事の東国原《ひがしこくばる》英夫《ひでお》氏（65）へのＭＣ谷原《たにはら》章介《しょうすけ》（50）の発言に視聴者から苦言が集まっている。
>
> 河野氏と東国原氏、新人のスーパークレイジー君（36）が立候補した今回の宮崎県知

事選。開票の結果、河野氏と東国原氏の事実上の一騎打ちとなり、約2万３０００票差で河野氏の当選となった。

一方、この日番組では東国原氏に密着した映像を公開。息子と２０１４年に結婚した現在の妻が支援者に感謝している映像を流したほか、24日には元妻で女優のかとうかず子（64）も応援のために宮崎県に駆けつけた様子も放送。

元妻と現妻がそばにいる中、東国原は宮崎市内で「今日は申し上げにくいんですが、今の妻と元の妻がいるんです。やりづらくて、やりづらくて……」とかとうの応援をもネタにして演説していた。

このＶＴＲを見終えた谷原は「前職の東国原英夫氏と現職の河野俊嗣氏、一騎打ち。残念ながら東国原さん、落選となりました」とコメントしていた。

しかし、この「残念」という発言に視聴者からは「平等って知ってる？」「公平な報道する気はないってことなのかな」「なぜか持ち上げているのが気持ち悪い」といった批判の声が集まっていた。

「『残念ながら』というのは谷原が東国原氏の当選に期待していたということ。前知事とはいえ、東国原はタレント候補。多くの人が知っているタレントの落選に思わず『残念』という言葉が出てしまったのかもしれませんが、選挙の結果に対し、『残念』と発言したのはあまりに軽率すぎる。東国原氏については、前回1期のみで退任したことで当時県内からも批判が多く上がっており、落選は民意が反映された結果。むしろ片方のみに密着し、肩入れしていた番組の構成にも疑問の声が集まっていました」（政治記者）

宮崎県知事時代の東国原氏の功績は少なくなく、さまざまなメディアに出演したり、「（宮崎を）どげんかせんといかん」という発言が「２００７ユーキャン新語・流行語大賞」に選ばれたりと宮崎を猛アピール。こうした露出があったからこそ、谷原は「残念」と口にしたのかもしれないが、あまりに誤解を生みやすい発言となってしまっていたようだ。

(https://news-vision.jp/intro/194839/)

政府の「スタンスの副詞」や政治家の「ポーズの副詞」で問題になっていたのは、情態副詞や程度副詞といった属性副詞でしたが、マスメディアで問題になるのは陳述副詞です。ここでは、陳述副詞である「評価の副詞」の持つ評価性が問題にされています。

上記の記事で取りあげられているのは、「残念ながら」です。中立性が重視される報道というジャンルで、このような個人の感想を軽々しく口にすることは本来認められていません。バラエティ番組であれば肩入れや感情移入はむしろ歓迎されるのですが、選挙報道の場合、多様な立場の視聴者がおり、しかも、宮崎県民の投票という民主的な手続きを経て県知事が選ばれたにもかかわらず、その結果に異議を唱えるようなことは認められていないわけです。

このケースはきわめてわかりやすいケースですが、実際のテレビ報道、新聞報道などを見ていると、けっして中立な立場の論評ばかりでなく、副詞の評価性を用いた世論誘導がしばしば行われていることに気づきます。

私たちは副詞の使用に敏感になることで、そうした政治的な操作にも気づけるようになるわけです。副詞を熟知することは、私たちのメディアリテラシーを向上させることにもつながります。

3. 方言と副詞

方言コスプレとしての方言副詞

副詞には方言差もあります。本物の方言としての用法は、ここでは扱いきれないのですが、共通語のなかで使うことで方言らしさを出すことができます。なかでも、「非常に」に当たる程度副詞は方言差がよくわかるので、その土地らしさを出すのに重宝します。

次の文の程度副詞「でーじ」「ばり」「ぶち」「ごっつ」「でら」「なまら」はどこの方言だと感じさせるでしょうか。

・ちんすこう、でーじまーさん。
・卒業式シーズンで、美容院ばり混んどる。
・天守閣は、どこから見ても、ぶちかっこええ。

・このアルバムの曲、ごっつ好きなんよ。
・駅前の大判焼き、でらうまい。
・今朝は、なまらしばれるね。

「でーじまーさん」は「ちんすこう」という主語から見当がつきそうです。沖縄の島言葉で「でーじ」は「とても」、「まーさん」は「おいしい」です。

「ばり」は西日本全域で使われますが、もとは福岡の新方言とされています。博多ラーメンの「ばり硬《かた》」の「ばり」と言えばわかりやすいかもしれません。

「ぶち」を使うと、広島県民の雰囲気が出ます。山口県民もよく使い、むしろ山口県民のほうが、本場意識が強いかもしれません。

「ごっつ」を使うと、関西人っぽくなります。『ダウンタウンのごっつええ感じ』というテレビ番組のタイトルで全国化しました。「ごっつ」の程度をさらに強めると、「ものごっつ」となります。

「でら」は、名古屋人らしさのシンボルです。「でら」は、「どえらい」が「どえりゃー」に変化し、それがさらに短くなった言葉とされています。

「なまら」と言えば、北海道人らしくなります。「なんまら」と「ん」を挟むと、より気持ちがこもり、程度が上がります。「しばれる」は寒いの意味です。

こうした程度副詞は各方言で出現頻度が高く、〇〇方言らしさを表すのに好都合で、「方言コスプレ」（田中二〇一一）としてよく使われます。

方言副詞とものの見方――伝わる本音とサービス精神

もちろん、こうした副詞は「方言コスプレ」としてだけ使われているわけではありません。二〇二二年のドラフトで、ＤｅＮＡからドラフト一位に指名された大阪桐蔭の捕手、松尾汐《し》恩《おん》選手は、ドラフト直後のインタビューで次のように話しています。

> 「本当に選ばれるかどうか分からない状態で待っていましたが、選んでもらってホンマにほっとしました」
>
> この日の松尾は「本当に」を繰り返し、指名された喜びや今後の意気込みを正確に伝える言葉を探していた。ただ、会見の冒頭で一度だけ「ホンマに」と〝本音〟が漏れた。
>
> (https://number.bunshun.jp/articles/-/855070)

このように、「本当に」のあいだに自然に紛れこむ「ホンマに」に、選手の肉声が表れるとする捉え方もあります。

こうした「ほんま」や「はよ」で思い出すのは、やすきよで知られた西川きよしの、横山やすしへの弔辞《ちょうじ》の一部です。「本当に」と「ホンマに」が入れ替わります。

> 41年にコンビを組んで42年にもう、新人賞をもろうてホンマに嬉しかったわ。やめとけやめとけ言われたけどコンビ組んで本当によかったと思います。おおきに。あれから新人賞をもろうていろんな賞をぎょうさんもろうたなホンマに。自分のおかげやわ。わしも頑張ったけど自分のおかげ。（中略）最初は殴り合いばっかりして、新人やし、手加減もようせんと迷惑ばっかりかけてホンマにゴメンな。センターマイクから役者の芝居の癖《くせ》がついて離れよう離れようとすると右の袖を引っ張ってくれて、下手《しもて》の方へ下手の方へ自分が引っ張ってくれたのを覚えています。迷惑ばっかりかけて本当にゴメンな。せやけど人生ホンマにいろいろあるって世の中でもよう言うけれども、そんな意味、若い頃、全然分からへんかったわ。ホンマに山があったり谷があったりするゆうのを自分

に教えてもろたわ。（中略）もうゆっくりしいや。いっつも怒ってたなあ。なに怒ってたんやなあ、ホンマに。ホンマになんかゆうたら怒ってんなあ。でも、自分の怒ってんのはどんな意味かゆうのは全部わし分かっておったで。（中略）もう安心しいや。さっきも師匠のノックさんが言うてたように、もうゆっくりしい。なにもかにも忘れて、ゆっくり休んで。頼むわ。ゆっくりしいや。いつかはわしらもそっちへ行くのやけども、まあ、なるべく自分とは早よ会わんようにするわ。ゆっくり休みや。ゆっくり。ほなな。

方言は、バラエティ番組に出演するお笑い芸人の影響が大きく、関西弁の方言がもっとも全国的に知られています。「ほんまに」以外にも関西弁の方言副詞をいくつか見ていくことにしましょう。

「正味」という副詞があります。「正味一〇〇〇円」のように数字の直前につく「正味」は共通語でも使われますが、関西弁の「正味」は、「実際のところ」「正直なところ」という意味で使われます。「実際の話」「正直な話」という意味で、「正味の話」「正味な話」という形でもよく使われます。

・試合では自分の力を出すだけなんで、正味誰と当たっても同じことです。
・正味の話、池袋のガチ中華のほうが中華街よりもレベルが高かったりする。
・正味な話、行政の指導と介護の現場の乖離《かいり》の激しさをどうにかしないと。

こうして見るとわかることですが、「正味」というのを平たく言うと、「ぶっちゃけ」ということになります。本音を比較的隠さない文化では、「正味」という副詞を挟むことで本音を言いやすくする働きをしています。

慣用句的なものになりますが、「必死のパッチで」もよく耳にします。とくに、阪神タイガースの元監督の矢野燿大《あきひろ》が、選手時代にヒーローインタビューでこの言葉を使い、その後、多くの選手によって使われました。単に「必死で」よりも「必死のパッチで」のほうが、耳に残りやすく、一生懸命さや本気さがより伝わるからであろうと思われます。

全国区化する方言副詞――「知らんけど」「めっちゃ」「まるっと」

話の最後につける「知らんけど」も最近よく耳にするようになりました。さんざん詳しく説明してきたあとに「知らんけど」と言われると、肩透かしを食ったような脱力感があり、それが面白いということで全国区化しつつあるようです。

自分の体験などを事実のとおり話すと、正確ではありますが、面白みがありません。そこで、聞き手を楽しませるために多少の誇張やウソを交えながら「話を盛る」ことは誰でもすることでしょう。とくに、聞き手へのサービスを重視する関西文化圏では、極端に「話を盛る」ことがしばしば行われます。

しかし、話を盛りすぎてしまった場合、「知らんけど」と言って、自分のこれまでの話にたいする責任は回避するわけです。これもまた、関西における話の展開の特徴が、副詞的連語に表れていると思われます。

「知らんけど」がこれだけ普及した背景には、テレビやインターネットのバラエティ番組の影響があると思われます。そこには、関西出身のお笑い芸人が出演していて、「知らんけど」を頻用して笑いを取っているからです。

そのように、私たちの言語生活のなかには、方言由来の副詞が入りこんでくることがあります。その代表例は「めっちゃ」ではないでしょうか。

若者が使う程度副詞の代表は、かつては「超」「すごく」でしたが、現在では「めっちゃ」

がそこに割って入ってきています。おそらくは、テレビのバラエティ番組『めちゃ×2イケてるッ！』の影響があったものと思われますが、現在では「めっちゃ」が方言だと意識されることはほとんどないでしょう。

「めっちゃ」は「めちゃめちゃ」を短くした形であり、「むちゃくちゃ」を短くした「むっちゃ」も使われますが、「めっちゃ」のほうが市民権を得ています。

また、「まるっと」というのも最近しばしば耳にする副詞です。「まるまる」「そっくり全部」という意味であり、もともと「まるごと」に由来し、名古屋弁に由来するという説が有力なようです（https://www.chunichi.co.jp/article/401816?rct=nagoyahatsu）。それが、『ＴＲＩＣＫ』（テレビ朝日系）というドラマをきっかけに広がったとされています。

程度副詞を中心に、副詞は新陳代謝を起こす傾向があります。多くの人に使われると、次第に飽きられてきて、そこに別の程度副詞が入りこみます。そして、マスメディアをつうじて拡散された副詞を、若者を中心に過剰使用して定着させる傾向があるわけです。

そうした新しい副詞の一つの供給源として、方言副詞が機能していると見ることができるわけです。

第11章

副詞と世代

——「本気《マジ》？　本気《ガチ》？」

1．副詞の意味の変化

副詞の意味そのものの変化

幼いころ「適当に」という言葉に「適切に」という意味があることを知って驚いたことがあります。

・適当にやっておいてね。

の「適当に」が、「いい加減に」ではなく「きちんと」だと言われて、「だって、適当にって言ったじゃん」と不満に思ったことがあります。

ただ、今になって考えると、「適当に」がもともとは「適切に」という意味だったことは何となく想像がつきます。「適当に」は「適当な」という形容動詞の連用形であり、「適当な」は「当てはまる」の「当」という漢字を持っていることからもわかるように、「当てはまる」「ふさわしい」という意味だったと考えられます。

・医療現場に適当な技術者を探している。

ところが、副詞として使われるようになると「〜に適当な」の「〜に」の部分がなくなります。それでも、

・業務に応じて、人材を適当に割り当てることにした。

であれば、形容動詞の意味は残るわけですが、

・業務を適当に片づけておいて。

であれば、「適切」の意味を離れ、やり方は問わないので、状況に応じた自分にやりやす

いやり方でという意味になっていきます。それがさらに進むと、雑なやり方でよいからとりあえず終わらせておいてという、次のような意味になるわけです。

・優先順位の低い仕事だから、適当にやっといて。

つまり、「状況に合わせて」「自分の判断で」「ほどよく」という意味を持っていた「適当に」のうち、「状況に合わせて」の意味が薄れた結果、「何となく」「自分の判断で」「雑に」の意味に移っていったと考えられます。

「いい加減」という言葉も、「ほどよく」という意味が「雑に」という意味に変わっていったわけですが、もともと「ちょうどよい加減」という基準があったのに、それが忘れられて自己裁量だけが残ると、「雑に」という意味に変わっていくあたりに、何でも手を抜いて楽をしたがる人間の本性というものが垣間見えます。

副詞は対象を明確に指す言葉ではなく、話し手の主観に基づいて語る言葉、いわば気分で語る言葉ですから、このような意味のズレが定着し、意味が変わっていくという現象がしばしば見られます。意味や形が次第に変わっていくのが言葉というものの宿命で、それは社会と歴史の影響を色濃く受けるわけですが（石黒二〇一三）、副詞はその影響をとくに強く受ける品詞といえます。

副詞の語感の変化

副詞の意味変化の背景には、副詞の前提性という性格が影響しています。副詞は、自分のなかに存在するある種の基準に基づいて使われるものなので、その基準が変われば意味が変わります。それはとくに副詞のプラスマイナスの評価という語感に影響を及ぼします。

次の二文を見比べてみてください。

・グルメサイトのレビューで高評価が並んでいたから期待して行ったけど、接客もファミレス並みで、味も普通においしかった。

・たまたま見かけて入ったラーメン屋だったからたいして期待していなかったけど、さすがは家系、普通においしかった。

世代によって受け取り方が変わると言われる「普通に」です。

一つ目の例は、「まずくはないけれど、特筆すべきおいしさもない」という、いわゆる「並」の評価です。期待値が高いときに使われる「普通に」で、かつてはこちらが主流でした。

これにたいし、二つ目の例は「思っていたよりもおいしい」という「かなり」という評価です。こちらは期待値が低いという前提で使われる「普通に」で、近年、若い世代に普及している用法です。

「普通に」という論理的意味自体は変わらないのですが、前提としている期待値が変わることによって評価的意味が変わり（井本二〇一一）、結果として意味変化が起きているように見えます。人間のものの見方・捉え方を表す副詞は、このようにして意味が変わっていくのです。

第10章の「1．異次元の副詞」で見た北浜健介八段の言葉に、「フツーに強い」は「相当強い」だという話がありました。次の例は、囲碁の井山裕太名人と将棋の渡辺明名人の対談です。ここでも、「普通に」が「相当」の意味になっています。

井山　将棋の人気はすごいですね。

渡辺　それは藤井（聡太二冠）くんみたいな人が出てきたから。中学生でいきなり出てきて井山さんに普通に勝っちゃうみたいな感じ。囲碁界でそういうことは起きないですか？

井山　ＡＩの影響なのか分かりませんが、小学校低学年とか幼稚園で、ものすごく強い子が全国的に何人か出てきています。そういう人たちが育ってきた時はありえるでしょう。

渡辺　仲邑菫《なかむらすみれ》さんは小6ですか。タイトル戦に出ればまたわっという感じになりますよね。

井山　この前、藤沢里菜さんが男性にまじって優勝した。女性のレベルも明らかに上がっていて、特にトップの藤沢さんと上野愛咲美《あさみ》さんは普通に有望な若手です。

(https://digital.asahi.com/articles/ASNDQ5G0KND9UCVL02B.html?iref=pc_rellink_03)

将棋の場合、女性のみのプロ制度である女流棋士はかなり強くなってはいるものの、三段リーグを突破して男性と区別のないプロの棋士になった人はまだ出ていません。しかし、囲碁の場合、女性も男性に引けを取らない戦績を残しており、プロの棋士として対等な立場にあります。女流○段というものはなく、男性と同じ○段しかありません。性別にかかわらず強い人は強く、将棋のような女流棋士という枠ではなく、男性の棋士も含めたプロの棋士という枠のなかで、当然のように強い棋士が出現している事実を「普通に」で示しているわけです。

形容詞の場合、もともと追い詰められた状況を指す「やばい」が単なる驚きを示す言葉に変化していますし、副詞でも「普通に」だけでなく、「ぜんぜん」でも似たような変化が起きています。形容詞も副詞も話し手の主観を表す言葉であるため、このような評価的な意味の変化はつねに起きる可能性があります。

副詞の用法の変化

「地味に」という副詞があります。これが動詞を修飾するのはとくに違和感がないと思います。

・年齢とともに服装が地味になってきた。
・還暦を家族だけで地味に祝った。

ところが、最近、身体に負荷がかかる形容詞とともに使う用法を目にするようになっています。

・口内炎が地味に痛い。
・部活の練習が地味にきつい。

ネガティブな評価だけでなく、ポジティブな評価でも目にするようになりつつあります。

・チョコのおまけが地味に嬉しい。
・豆腐のうえのネギが地味に好き。

二〇二一年三月に実施された文化庁国語課の令和二年度『国語に関する世論調査』によれば、「地味に痛い」の「地味に」を使う人は約四割（三九・八％）、使わない人は六割弱（五八・九％）です。その内訳を見ると、一〇代は九三・八％、二〇代は九一・九％、三〇代でも八〇・五％が使うのだそうで、若い世代には普及している用法のようです。

一方、年代が進むと下がり、四〇代では六〇・七％、五〇代では三四・六％、六〇代では一二・三%、七〇代では七・三%となっています。

　形容詞を修飾するこうした「地味に」は、「誰もがそう感じるかどうかはわからないが、個人的にはそう感じる」という控えめな言い方です。同じ用法で「派手に」という言い方が使われないのは、「派手に」であれば誰が見てもわかる、目立つ感覚や感情なので、「派手に」とわざわざ示す必要がないからです。自分だけが知る密かな感覚や感情だからこそ、取り立てて「地味に」という意味があるわけです。

『先生、どうか皆の前でほめないで下さい――いい子症候群の若者たち』という本が象徴的に示しているように（金間二〇二二）、日本で生きる若い世代は人前で目立つことを極端に嫌い、何か意見を言うときにも、個人の考えであることを示し、周囲に自分の意見を押しつけず、調和を乱さないことを好みます。

　若い世代のあいだで「地味に」という言い方が普及している背景には、こうした事情がありそうで、後述する「ワンチャン」「なにげに」「とりま」なども、個人的な感覚や感情であることを断って表現するという点で共通しているように思われます。

「地味に」と似たような言い方に「無駄に」があります。こちらも本来動詞を修飾する表現で、

・受験に落ちてしまい、これまでの勉強が無駄になった。
・アニメのグッズショップに行くと、お金を無駄に使ってしまう。

のような「無駄に」に違和感のある人は少ないと思います。

しかし、次のような形容詞を修飾する「無駄に」も増えてきています。

・友人は吹奏楽部でサックスを吹いているのに、足だけは無駄に速い。
・私のアパートの部屋は、一人で暮らすには無駄に広い。

近年の若い世代はコスパを重視するようになってきており、せっかく高い能力や設備を持っていながら実生活に役に立っていないと「無駄」と捉えてしまうようです。そうした捉え方が「無駄に」＋形容詞という表現に込められているように思えます。

品詞の転換

本来別の品詞だったものが副詞に流れこんでくることがあります。すでに第2章や第6章で見た「けっこう」がその典型です。「結構」は、もともと組み立てや構造という意味で使われ、その後、形容動詞を経て、副詞へと変化してきました（鳴海《なるみ》二〇一七）。「ぜひ」も「是」と「非」、すなわち「Ｙｅｓ」と「Ｎｏ」であり、「喫煙室設置の是非」のように、賛成か反対かの検討を問うという意味が本来ですが、「是が非でも」という「Ｙｅｓ」が「Ｎｏ」でもという意味から、どんなことがあってもという副詞の意味が定着しました。「絶賛」は形としては名詞で、「絶賛する」ように動詞にもなりますが、やはり副詞としての用法を持っています（滝島二〇一七）。とくに、「絶賛〇〇中！」という文型の勢いがよく、最近では「絶賛酒盛り中！」のように、「絶賛」していないものにまで使われるようになってきています。私自身もこうしたメールを受け取ったことがあり、苦笑せざるをえませんでした。

・先生のシンポジウムのご講演を聞きながら、絶賛博論執筆中です（笑）

「気持ち多めにお願いします」のように「ほんの少し」という意味で用いられる「気持ち」も、実際の分量は変わらなくても、多くしようという気持ちが入れば、ごく少量でも増えるという解釈になるものと思われます。

第9章の「2. 副詞と俗語」の「短くなる語形」で見たように、「的には」の落ちた「基本」「原則」「理想」「実質」「究極」も、表面的に見れば、品詞の転換といえるでしょうし、「正直言って」の「正直」、「断固として」の「断固」、「速攻で」の「速攻」も、品詞転換として見なすことができそうです。

「超伝導」「超特急」「超ハイスピード」などの「超」も、名詞の接頭辞として使われていると副詞には見えませんが、「超うれしい」「超大変」「超むかつく」のように形容詞、形容動詞、動詞とともに使われると、副詞として見えてくるから不思議です。

形容詞から流れこむこともまれにあり、二〇二二年一月〜二月実施の文化庁国語課の令和三年度『国語に関する世論調査』では、

・あの人は走るのがすごく速い。

という文の「すごく」を「すごい」と置き換えても気にならない人が、全体の八割近く(七九・二%)を占め、気になるという人の一七・三%を大きく上回り、多くの世代で「すごい」という形容詞の終止形が副詞として認知されている様子が窺《うかが》われます。

「すごい」と同様に多用される「やばい」の「やば」にも、

・讃岐うどん、本場高松で食べると、やばうまい。

のような副詞用法が出はじめています。日本語というものが少しずつ変わっていることを実感せざるをえません。

2. 時代を映す副詞

新しい副詞の出現

言葉の変化はことに副詞に現れます。既存の意味の変化も出やすいですし、プラスマイナスの語感も変化の対象です。文法的な性格も変わりやすく、修飾できる語の範囲の拡大や品詞の転換も見られます。

しかし、さらに大胆な変化もあります。それは、新しい語形の創造です。最近よく耳にするのは「ワンチャン」です（菊地二〇二一）。「ワンチャン」は「ワンチャンス」の略で、「ワンチャン狙って」などと使われます。

しかし、そこから意味が広がり、「うまくできた」という達成を表す「ワンチャン行けた」のような用法、「うまくいけば」のように希望的観測が入った「ワンチャン勝てるかも」のような期待感のある可能性を表す例が生まれます。

さらに、後者の用法から、希望的な観測をあまり含まない「ワンチャンあるかも」のような期待感のない単なる可能性を表す例に広がっていったと思われます。

「ぶっちゃけ」も近年市民権を得た副詞です。事実、先ほど参照した令和三年度『国語に関する世論調査』でも、

・正直なところまずい。

の「正直なところ」を「ぶっちゃけ」と言っても気にならないと考えている人は五五・七%と過半数に達しています。気になると考える人は四〇・九%ですが、その数も今後はさら

に減少することが予想されます。

「ぶっちゃけ」を広めたのはタレントの木村拓哉だといわれており、ＡＮＡを舞台にした二〇〇三年のドラマ『ＧＯＯＤ　ＬＵＣＫ‼』（ＴＢＳ系）で、ヒロインの緒川歩実《おがわあゆみ》にたいして、キムタク演じる主人公の新海元《しんかいはじめ》が発するセリフ、

・ぶっちゃけ、俺、お前に何かあったら困るから。

で広まったとされています。『ＧＯＯＤ　ＬＵＣＫ‼』ではそのほか、

・俺たちクルーはみんな、空を飛ぶやつも地上を守るやつもお客様をここにいるすべての人を安全に目的地に送り届けるために、ぶっちゃけ必死でがんばってます。

のように、重要な場面には「ぶっちゃけ」が使われており、ぶっちゃけ感満載です。

「なにげに」も気になる副詞です。初めて聞いたときは「なにげなく」の聞き間違いかと思い、自分の耳を疑いました。もともとは「なにげなく」と同様の意味で使われており、

・なにげにヤカンに触った。超熱かった。
・なにげに時計を見たら、一二時を回っていた。

のように「なにげなく」と同じような使われ方をされていたはずなのですが、

・クリスマスイブの銀座。なにげに初めて銀座に足を踏み入れたら、超楽しかった。
・誰もいない深夜の駅舎の写真。なにげに好きな一枚。

のように「じつは」の意味になったり、

・なにげに歌うまいね。
・メガネ外すとなにげにイケメンだね。

のように「意外と」の意味になったりします。

じつは、「なにげなく」「じつは」「意外と」には共通する意味があります。それは「ふと気がつくと」です。意識せずにヤカンに触り、ふと気がつくと熱かった。意識せずに銀座に行き、ふと気がつくと楽しかった。意識せずに相手の歌を聴き、ふと気がつくとうまかったというのが「なにげに」の論理です。「なにげなく」を超えたこの論理を「なにげに」が獲得したことで、副詞としての意味の広がりを持つようになったと考えられます。

「とりま」は言わずと知れた「とりあえずまあ」で、こちらも最近、第9章の「1．話し言葉と書き言葉」の「畳語の副詞」で見た「ようやっと」「ヒヤリハット」と同じく、似た意味の副詞を重ねて意味を強めるパターンです。

「とりあえず」は「一応」と同じように話し手の仮の考えを示すこと。「まあ」は第2章や第6章で見たように、話し手のだいたいの結論を示すことです。その二つを組み合わせることで、「現時点での考え」「暫定的な到達点」を示すようになったと考えられます。

・悩んでくよくよするぐらいなら、とりまやってみよう。

「ゆうて」は接続詞に近い副詞として、最近耳にするようになっています。直前までの文脈に迷いが生じ、逡巡《しゅんじゅん》しはじめるときに使います。「そうは言っても」に近い印象です。

・手作りのチョコまで作ったが、プレゼントするかどうかで悩む。ゆうて、チョコあげるキャラでもないし、義理チョコだと思われても嫌だし、やっぱりやめようかなあ。

これまで見てきたように、逡巡から抜けだすときに使う副詞が、第6章の「1．『認定の副詞』と話し言葉との相性」で見た「やっぱり」であったり「とりま」であったりするわけですが、逡巡を始めるときに使う副詞というのも必要であり、副詞が思考過程と密接に結びついていることがわかります。

副詞と時代

本書を閉じるにあたり、「程度の副詞」を対象に、世代によって副詞が変わるという大きな問題を考えることにしましょう。

「本気」にフリガナを振る場合、どのように振るでしょうか。

高齢の世代は「ほんき」以外に考えられないと言うかもしれませんが、中年の世代は「マジ」、それより若い青年・壮年の世代は「ガチ」と言いそうです。

つまり、「本気《ほんき》でやばい」「マジでやばい」「ガチでやばい」のどれを選ぶかで、その人の世代がだいたいわかると考えられます。

最近の「ガチ」の勢いはすさまじく、複合名詞を見ても生産性の高さが窺われます。「マジ」で複合名詞を作ろうと思っても、「マジレス」「マジギレ」ぐらいしか思い浮かびませんが、「ガチ」ならば「ガチバトル」「ガチ中華」「ガチ食い」「ガチ恋」「ガチ対決」「ガチレース」「ガチ公募」「ガチ相談」など、すぐにいくつも思いつきます。

「とても」が話し言葉ではあまり使われないことは、第4章の「1．『程度の副詞』の実態」のところで述べましたが、それに代わる「すごく」と「めっちゃ」もやはり世代間での使用状況に違いが見られると予想されます。

「すごく」の場合、「すごく」という連用形だけでなく、「すごい」という終止形が副詞として使われても気にならないと考える人が八割近くを占めていることは、本章の「1．副詞の意味の変化」の「品詞の転換」で示しました。おそらくどの世代でも耳にして違和感がない用法になっていると思われますが、使用という面で言うと、「すごく」「すごい」が中高年世代、「めっちゃ」が青年・壮年世代に偏っていることが予想されます。

文化庁国語課の令和二年度『国語に関する世論調査』では、「めっちゃ」を使うとした人が五七・九％であり、一〇代が九三・一％、二〇代が九一・九％、三〇代が八七・三％、四〇代が七八・二％、五〇代が六四・六％、六〇代が四三・八％、七〇歳以上が二二・二％となっています。若い世代を中心に「めっちゃ」の浸透率の高さが窺われます。

副詞や形容詞のうち、仲間内の共感度を高める表現は、若い世代で極端に使用が増える傾向があります。私の世代は何かあると「すごい」「すげえ」を連発していたのですが、今の若い世代は「やばい」「やばっ」を連発する傾向があります。さらに「えぐい」「えぐっ」も市民権を得てきていますので、いずれ「やばい」「やばっ」に取って代わるかもしれません。

副詞にせよ、形容詞にせよ、ある世代が仲間内で極端に使用している言葉は、次第に市民権を得て定着し、世代を超えて広がっていきます。しかし、そうなると、せっかくの世代特有の共感言葉がすり減ってしまい、仲間内の共感を示すことが難しくなってきます。このため、別の共感言葉を開発し、それを仲間内で使うことで、かつての共感言葉を使いつづける過去の世代との差別化を図っていく。この繰り返しが起こっているにすぎません。

したがって、若者言葉というくくりは、社会言語学の観点からはあまりふさわしいものでなく、世代とともに移り変わってゆく「世代語」として理解すべきものです（石黒二〇一三)。かつての若者は、いずれおじさん・おばさんに、さらにはおじいさん・おばあさんになっていきます。それぞれの世代が若いころの歌謡曲を口ずさみつづけるように、自分が若いころに使ってきた共感言葉を使いつづけるという繰り返しが、言葉の世界でも起きているわけです。

そこには、栄枯盛衰があります。たとえば、短い「程度の副詞」の世界はにぎやかです。かつての「超」は使われつづけてはいますが、以前ほどの勢いはなさそうです。一方で、接頭辞的に使われる「激」は「激務」「激突」「激怒」「激減」のようにかつてあった言葉に加え、「激辛」「激うま」「激安」「激似」「激やせ」「激混み」「激推し」「激アツ」のような最近よく目にする言葉も増え、いまだに高い生産力を誇ります。ただし、「激しく同意」のような「激しく」は消えつつあるようです。

「くそ」というあまり品のよくない言葉も、「くそまじめ」はもちろん、「くそ暑い」「くそ寒い」「くそ忙しい」「くそ眠い」「くそだるい」「くそ疲れた」など、ネガティブな気持ちを本音として口にするときには使われますが、「くそうまい」「くそかわいい」「くそきれい」といった、ポジティブな評価の形容詞との併用には違和感を覚える人が目立ちます。

「鬼強い」「鬼速い」「鬼やばい」「鬼かわいい」などの「鬼」も広がりを見せるかに思えま

したが、令和二年度『国語に関する世論調査』によれば、使う人は全体の四・八％、比較的多い一〇代が一八・一％、二〇代が一八・八％と苦戦しています。
「鬼」とは対照的な「神」も一時期広がりを見せましたが、副詞としての勢いはなく、「神強い」「神速い」「神やばい」「神かわいい」という表現はあるにはありますが、「鬼」よりもさらに限定的な印象です。接頭辞的な「神回」「神対応」「神演技」「神作品」「神企画」「神ゲー」「神アプリ」ぐらいでしょうか。

こうして見ていくと、「ゆく河の流れは絶えずして、しかももとの水にあらず。よどみに浮ぶうたかたは、かつ消えかつ結びて、久しくとどまりたるためしなし。」と鴨長明の『方丈記』の冒頭で語られている主題は、言葉の世界にも当てはまります。流れゆく川の流れは絶えることはありませんが、川の水自体はつねに入れ替わっています。川のよどみに浮かぶ泡は消えては生まれを繰り返し、そのまま長く留まることはありません。

言葉というものが川の流れだとしたら、そこに浮かぶ泡が副詞なのかもしれません。副詞自体は世代が変わることで交替を繰り返しますが、副詞自体はこれからも日本語のなかに留まりつづけることでしょう。日本語も、また副詞も、無常なるものです。

おわりに

副詞はどこでよく見かけますか。本文で扱わなかったものに楽譜があります。楽譜は副詞の宝庫です。音楽の授業の時間、合唱や演奏をするために楽譜を手に取ると、左上に指示が書いてあるのを見たことがないでしょうか。そこには、「ゆっくりと」や「やや速く」のような速度、「やや弱く」や「とても強く」のような強弱、「元気よく」や「穏やかに」のような発想といった指示が書かれており、私たちはそれに従って歌ったり演奏したりします。つまり、合唱や演奏には事前の心構えが必要になるわけです。

こうした心構えは音楽に限らず、さまざまな場面で必要なのではないでしょうか。受験に臨むときは「慎重に」「落ち着いて」と自分に言い聞かせるでしょうし、面接に臨むときは「自分らしく」「明るく」「はきはきと」と心がけるでしょう。さらに、大事な試合に臨むときは「全力で」と集中力を高めていく必要があります。副詞にはこのように心構えを作る働きがあります。

楽譜に出てくる副詞は本書で見た属性副詞ですが、もう一つの陳述副詞もまた、心構えを作る働きがあります。「ぜんぜん」があれば文末に「ない」が来そうという心構えができますし、「幸い」があれば続く内容は運の良いものが、「ぶっちゃけ」があれば話し手の本音が来そうという心構えができます。日本語の語順では動詞が最後に来ますので、副詞を使って心構えを早めに示すことが、意図の伝達のうえでとりわけ重要です。心構えの作り方に成功すれば、次に続く内容をスムーズに理解してもらえますし、失敗すればコミュニケーション自体がぎくしゃくしてしまいます。その意味で副詞は、日本語でのコミュニケーションの要《かなめ》です。

また、本書をお読みになったみなさまは、副詞の重要な役割が「話し手の気持ちを伝える」ところにあることにお気づきになったでしょう。副詞の力は強力で、話し手の背後にある人間性や、話し手が隠していたかったはずの本音まで、聞き手に自然に伝えてしまう力を備えています。

聞き手はどんな副詞が使われたか、選ばれた副詞に過敏に反応します。選ばれた副詞を見て心がほっこりすることもあれば、深く傷つくこともあります。副詞はいわば薬です。適切に使えば症状を抑え、治療に役立つ高い効果があるのですが、使い方を誤ると、かえって症状が悪化したり、副作用が出たりするのです。そうした背景を踏まえ、本書は『コミュ力は

「副詞」で決まる』というタイトルになりました。

本書の作成にあたり、編集部の草薙麻友子さんに今回もお世話になりました。草薙さんとのコンビは本書で六冊目となります。光文社新書の私のデビュー作でもある『文章は接続詞で決まる』に原点回帰した気持ちで、二人で力を合わせて作り上げた本です。

本書の内容については、副詞「やはり」について現在博士論文を執筆中である一橋大学大学院言語社会研究科博士課程の鈴木英子さんに確認をしていただきました。また、歌謡曲の副詞とオノマトペを集計する作業については、本文中にも出てくる我が家の長女、石黒愛さんに手伝ってもらいました。記して感謝申し上げます。

副詞という日陰者が、じつはとっても大事な品詞であること。その使い方一つで、文章が輝くことも炎上することもあること。そして、日常のありふれた言葉のなかにこそ、言葉の持つ不思議な力と魅力が潜んでいることにお気づきいただければ、筆者としてこれほどの喜びはありません。本書もまた、前五作と同じように、読者のみなさまのお役に立てることを心から願いつつ、筆をおかせていただきます。最後までお読みくださり、ありがとうございました。

二〇二三年二月　ＳＤＧ　　石黒　圭

飛田良文・浅田秀子（1994）『現代副詞用法辞典』東京堂出版
藤野良孝（2008）『スポーツオノマトペ――なぜ一流選手は「声」を出すのか』小学館
三上京子（2007）「日本語教育のための基本オノマトペの選定とその教材化」『ICU 日本語教育研究』3、pp.49-63
南不二男（1974）『現代日本語の構造』大修館書店
森田良行（1989）『日本語をみがく小辞典〈形容詞・副詞篇〉』講談社
森田良行（1989）『基礎日本語辞典』角川書店
森本順子（1994）『話し手の主観を表す副詞について』くろしお出版
山崎誠（2013）「第 2 章『現代日本語書き言葉均衡コーパス』の設計」『『現代日本語書き言葉均衡コーパス』利用の手引 第 1.1 版（Web 公開用）』国立国語研究所コーパス開発センター、pp.20-27
山田孝雄（1908）『日本文法論』宝文館
山田孝雄（1936）『日本文法学概論』宝文館
劉時珍（2019）『現代日本語における否定と呼応する副詞の類義表現に関する研究―コーパスに基づく副詞の意味記述の試み―』一橋大学博士学位論文
渡辺知恵美・中村聡史（2015）「オノマトペロリ―味覚や食感を表すオノマトペによる料理レシピのランキング」『人工知能学会論文誌』30-1、pp.340-352
渡辺実（2001）『さすが！ 日本語』筑摩書房
渡辺実編（1983）『副用語の研究』明治書院
Imai, Mutsumi & Sotaro Kita. 2014. The sound symbolism bootstrapping hypothesis for language acquisition and language evolution. *Philosophical Transactions of the Royal Society B: Biological Sciences* 369: 20130298

国立国語研究所編（1991）『副詞の意味と用法』大蔵省印刷局
近藤優美子（2019）「副詞的要素“ほぼほぼ”について」『待兼山論叢 日本学篇』53、pp.63-80
鈴木一彦（1959）「副詞の整理」『国語と国文学』36-12、東京大学国語国文学会、pp.59-70
大工原勇人（2009）「副詞『なんか』の意味と韻律」『日本語文法』9-1、pp.37-53
大工原勇人（2010）『日本語教育におけるフィラーの指導のための基礎的研究―フィラーの定義と個々の形式の使い分けについて―』神戸大学博士学位論文
滝島雅子（2017）「絶賛稽古中 ?!」『放送研究と調査』67-4、NHK 放送文化研究所、p.73
田中ゆかり（2011）『「方言コスプレ」の時代――ニセ関西弁から龍馬語まで』岩波書店
田和真紀子（2011）「程度副詞の評価性をめぐって」『宇都宮大学教育学部紀要 第 1 部』61、pp.25-35
角田太作（1991）『世界の言語と日本語――言語類型論から見た日本語』くろしお出版
冨樫純一（2002）「談話標識『まあ』について」『筑波日本語研究』7、pp.15-31
中右実（1994）『認知意味論の原理』大修館書店
鳴海伸一（2017）「程度副詞『けっこう』の成立と展開」『和漢語文研究』15、京都府立大学国中文学会、pp.262-236
新野直哉（2011）『現代日本語における進行中の変化の研究――「誤用」「気づかない変化」を中心に』ひつじ書房
仁田義雄（2002）『副詞的表現の諸相』くろしお出版
蓮沼昭子（2018）「自然談話における副詞の応答用法―『もちろん』『たしかに』『なるほど』を例に―」『日本語日本文学』28、創価大学日本語日本文学会、pp.1-16
林四郎（1960）『基本文型の研究』明治図書出版（2013 年にひつじ書房より再刊）
日暮康晴（2023 予定）「日本語母語話者による程度強調副詞の使用実態―『日本語話し言葉コーパス』調査より―」『小出記念日本語教育学会論文集』31、ページ数未定

【参考文献】

浅野鶴子編（1978）『擬音語・擬態語辞典』角川書店

石黒圭（2004）「中国語母語話者の作文に見られる漢語副詞の使い方の特徴」『一橋大学留学生センター紀要』7、pp.3-13

石黒圭（2005）『よくわかる文章表現の技術Ⅲ 文法編』明治書院

石黒圭（2008）『文章は接続詞で決まる』光文社

石黒圭（2013）『日本語は「空気」が決める 社会言語学入門』光文社

石黒圭（2018）『豊かな語彙力を育てる――「言葉の感度を高める教育」へのヒント』ココ出版

石黒圭（2022）「日本語学習者のフィラーの習得と評価―中国語を母語とする日本語学習者3名を対象にしたケーススタディ―」窪薗晴夫・朝日祥之編『言語コミュニケーションの多様性』くろしお出版、pp. 123-143

井本亮（2011）「『普通にかわいい』考」『商学論集』79-4、福島大学経済学会、pp.59-75

赫楊（2020）「オノマトペの使用実態とその問題点―オノマトペはビジネス文書に不要？」石黒圭編著『ビジネス文書の応用言語学的研究――クラウドソーシングを用いたビジネス日本語の多角的分析』ひつじ書房、pp. 153-168

加藤薫（1999）「『やはり』論の問題点―その対立する論点の整理と展望―」森田良行教授古希記念論文集刊行会編『日本語研究と日本語教育』明治書院、pp.165-183

金間大介（2022）『先生、どうか皆の前でほめないで下さい――いい子症候群の若者たち』東洋経済新報社

菊地礼（2021）「新規副詞『ワンチャン』の成立と拡大―2009年のTwitter用例を対象として―」『日本語用論学会大会発表論文集』16、pp.195-198

工藤浩（1977）「限定副詞の機能」『松村明教授還暦記念　国語学と国語史』明治書院、pp.969-986

工藤浩（2016）『副詞と文』ひつじ書房

小磯花絵・天谷晴香・石本祐一・居關友里子・臼田泰如・柏野和佳子・川端良子・田中弥生・伝康晴・西川賢哉・渡邊友香（2022）「『日本語日常会話コーパス』の設計と特徴」『言語処理学会第28回年次大会発表論文集』pp.2008-2012

索 引

石黒圭（いしぐろけい）

1969年大阪府生まれ。神奈川県出身。国立国語研究所教授・共同利用推進センター長、一橋大学大学院言語社会研究科連携教授。一橋大学社会学部卒業。早稲田大学大学院文学研究科博士後期課程修了。博士（文学）。専門は文章論。著書に『文章は接続詞で決まる』『「読む」技術』『日本語は「空気」が決める』『語彙力を鍛える』『段落論』（以上、光文社新書）、『よくわかる文章表現の技術Ⅰ［新版］―表現・表記編―』『同Ⅱ［新版］―文章構成編―』『同Ⅲ―文法編―』『同Ⅳ―発想編―』『同Ⅴ―文体編―』（以上、明治書院）、『「予測」で読解に強くなる！』（ちくまプリマー新書）、『この1冊できちんと書ける！　論文・レポートの基本』（日本実業出版社）、『大人のための言い換え力』（NHK出版新書）など多数。

コミュ力《りょく》は「副詞《ふくし》」で決《き》まる

2023年4月30日初版1刷発行
2023年9月10日　　2刷発行

著　者 ― 石黒圭
発行者 ― 三宅貴久
装　幀 ― アラン・チャン
印刷所 ― 萩原印刷
製本所 ― ナショナル製本
発行所 ― 株式会社光文社
東京都文京区音羽1-16-6(〒112-8011)
https://www.kobunsha.com/
電　話 ― 編集部03(5395)8289　書籍販売部03(5395)8116
業務部03(5395)8125
メール ― sinsyo@kobunsha.com

 ISBN 978-4-334-04660-6
日本音楽著作権協会（出）許諾 第2302088-301号

光文社新書

1250

会社のなかの「仕事」 社会のなかの「仕事」
資本主義経済下の職業の考え方

阿部真大

際限のない「超」長時間労働、蔓延するやりがい搾取、働き手を蝕む過剰サービス。日本人の働き方は、どうすれば変えられるのか？　疲弊した日本経済に「職業の社会学」が新たな地平を拓く。

978-4-334-04657-6

1251

山本五十六、最期の15日間
歴史に埋もれた「幻の3番機」

池田遼太
〈語り〉青木藏男

「私は1943年4月18日、米軍に撃墜された長官機の後ろを飛んでいました」。99歳の元搭乗員が明かす、山本五十六の戦死の真相。日本海軍の頂点と地べたが交わる戦場ノンフィクション。

978-4-334-04658-3

1252

再考　ファスト風土化する日本
変貌する地方と郊外の未来

三浦展

全国各地のロードサイドに同じような商業施設が建ち並ぶ「ファスト風土化」によって、郊外とそこに暮らす人々の意識はどう変わったか。小説家、建築家、研究者ら13名の論考を収録。

978-4-334-04659-0

1253

コミュ力は「副詞」で決まる

石黒圭

「めっちゃ」「やっぱり」「じつは」「なるほど」「せっかく」「あいにく」「おかげさまで」…etc. 気持ちを効果的に伝える最強の助っ人「副詞」、その分類と機能を知り、使い方の勘所を学ぶ。

978-4-334-04660-6

1254

阪神タイガースはなんで優勝でけへんのや？

喜瀬雅則

歴史　看板　風土　戦略　育成　苦悩　誤解　派閥　そして「アレ」――9つの枠組で分析する優勝が遠のく理由。阪神ファンの元番記者だから書けた「新・阪神タイガース論」。

978-4-334-04661-3